Francisco de Oliveira

A NAVEGAÇÃO VENTUROSA

Ensaios sobre Celso Furtado

Copyright © Francisco de Oliveira, 2003
Copyright © desta edição, Boitempo Editorial, 2003

Preparação
Maurício Balthazar Leal

Revisão
Alice Kobayashi
Leticia Braun
Sandra Brazil

Capa
Antonio Kehl
sobre projeto de Gilberto Maringoni
e fotos de Zeca Araújo/Editora Fundação Perseu Abramo

Editoração eletrônica
Renata Alcides

Editora
Ivana Jinkings

Coordenação de produção
Eliane Alves de Oliveira

Assistente editorial
Ana Paula Castellani

Fotolitos
OESP

Impressão e acabamento
Gráfica Alaúde

ISBN 85-7559-037-5

Todos os direitos reservados. Nenhuma parte desta edição pode ser
utilizada ou reproduzida sem a expressa autorização da editora.

1ª edição: setembro de 2003
Tiragem: 3.000 exemplares

BOITEMPO EDITORIAL
Jinkings Editores Associados Ltda.
Rua Euclides de Andrade, 27 Perdizes
05030-030 São Paulo SP
Tel./Fax: (11) 3875-7250 / 3872-6869
e-mail: editora@boitempo.com
site: www.boitempo.com

SUMÁRIO

APRESENTAÇÃO 7

NOTA DA EDIÇÃO 9

A NAVEGAÇÃO VENTUROSA 11
    1. O teórico do subdesenvolvimento 11
    2. O demiurgo do Brasil 18
    3. Novos exercícios de demiurgia: a questão Nordeste 21
    4. Reformas antes que tarde 24
    5. O desenvolvimentismo e seu espelho: o estagnacionismo 27
    6. Reformas sem reformadores 30
    7. Da economia para a filosofia 32
    8. A economia política de Celso Furtado 34

CELSO FURTADO E O PENSAMENTO
ECONÔMICO BRASILEIRO 39

RETRATO DE FAMÍLIA 55

VIAGEM AO OLHO DO FURACÃO: *Celso Furtado e o desafio*
do pensamento autoritário brasileiro 59
    Introdução 59

Estado, organização e Poder Coordenador
no pensamento autoritário clássico 66
A modernidade das questões propostas
pelo pensamento autoritário 72
Do autoritarismo à "navegação venturosa":
a resposta de Celso Furtado 76

FORMAÇÃO ECONÔMICA DO BRASIL: *gênese, importância e
influências teóricas* 83
Estrutura e conteúdos do livro 86

CELEBRAÇÃO DA DERROTA E SAUDADE DO FUTURO 103

SUBDESENVOLVIMENTO: *fênix ou extinção?* 109
Uma elaboração original 109
Redefinindo o subdesenvolvimento 111
Qual é o novo enigma: subdesenvolvimento globalizado? 114

UM REPUBLICANO EXEMPLAR 117

LUCIDEZ INCANSÁVEL 123
Causas da pobreza 124
Chave weberiana 125
Os sertões 127

BIBLIOGRAFIA 129
Obras de Celso Furtado 129
Obras sobre Celso Furtado 137
Resumo biográfico 140

APRESENTAÇÃO

Este livro não necessita de dedicatória, pois ela está explicitamente declarada. Reúne um conjunto de artigos que escrevi sobre Celso Furtado, a começar pelo primeiro deles, uma introdução que fiz – da qual roubei o título para este livro – a uma antologia do que eu considerava, à época, seus melhores textos, com exclusão, evidentemente, dos seus clássicos livros. A ordem dos artigos e ensaios é simplesmente cronológica, na seqüência em que os escrevi e que foram publicados. Não há qualquer outra organização. É simples como pão, e espero que os leitores o encontrem gostoso como pão.

Minha geração e as que se sucederam devem quase tudo a Celso Furtado, dos pontos de vista da formação, da interpretação do Brasil, da posição sobre as grandes questões nacionais e de sua inflexível, incorruptível e antifarisaica paixão republicana. Houve um pequeno *intermezzo* em que a contribuição de Furtado foi escanteada como superada pelos ideólogos do neoliberalismo, mas a economia e a política brasileira pagaram um alto preço por esse descaso. Hoje, as questões propostas por Furtado voltam em toda a sua atualidade dramática.

No meu caso e no de milhões de meus, e seus conterrâneos, devemos-lhe também essa paixão tranqüila e racional – pode haver melhor paradoxo? – pelo Nordeste. Gostaria que todos os brasileiros também lhe devessem essa paixão e tenho certeza de que sua obra e sua ímpar figura de homem público e intelectual ajudou a desfazer preconceitos que antes se nutriam contra os nordestinos, embora essa não seja, ainda, a regra geral.

Não cabe comentar cada um dos artigos e ensaios, nem apontar ao leitor suas razões. Neles procurei ressaltar o melhor da contribuição intelectual de Celso Furtado, o que inclui, necessariamente, discordâncias, na maior parte dos casos pontuais, e uma ou outra divergência maior. Assim deve ser o "diálogo sobre as grandezas" de Furtado, sem subserviências, diante de um dos grandes intelectuais brasileiros de todos os tempos, e um republicano exemplar, como ressaltei em um dos artigos.

Num Brasil e num Nordeste plagados de patrimonialismos, Furtado entrou como um cavaleiro da razão montado no Rocinante, de uma aguda inteligência plasmada para desvendar os enigmas de uma sociedade que se ergueu pela desigualdade e se alimenta dela. Alto e austero, seco de carnes, semblante talhado a foice, como certos tipos do sertão, o cavaleiro da razão é um Quixote que do alto de sua loucura combate incansavelmente os moinhos satânicos do capitalismo predador e de suas classes-abutres.

Ao olhar para trás e contemplar o passado, é bom ver que, ao lado do Anjo da História de Klee e Benjamin, não houve apenas acumulação de desastres; ergue-se outro que dá sentido à vida e talvez por isso não é menos nostálgico e trágico: o de que fomos também testemunhas de uma criação que dignificou nosso tempo. É para testemunhar que este livro se oferece a Celso Furtado e aos leitores.

Francisco de Oliveira
São Paulo, inverno de 2003

NOTA DA EDIÇÃO

Para facilitar a consulta dos leitores às obras de Celso Furtado, incluímos no final deste volume as referências bibliográficas completas dos livros de sua autoria (limitadas às edições brasileiras ou em língua portuguesa), bem como uma seleção de ensaios, artigos, teses e entrevistas publicados. O leitor também encontrará nesse anexo referências a uma grande quantidade de textos sobre o economista e sua obra, lançados no Brasil e no exterior.

As notas de rodapé numeradas são do autor; as notas indicadas com asterisco são da editora e nelas, sempre que possível, acrescentamos referências sobre as obras citadas por Francisco de Oliveira ao longo de seus ensaios. As excessões restringem-se aos livros de Celso Furtado, cuja bibliografia encontra-se a partir da página 129 deste volume.

A NAVEGAÇÃO VENTUROSA*

1. O teórico do subdesenvolvimento

A vasta, abrangente e diversificada obra intelectual de Celso Furtado representa um marco na história e na produção das ciências sociais em escala mundial. Nenhum outro autor contribuiu tanto para constituir as economias e sociedades subdesenvolvidas em objeto específico de estudo. Para ser rigoroso, é preciso dizer que Raúl Prebisch, criador da Comissão Econômica para a América Latina (Cepal) e mentor daquela brilhante equipe de que Furtado foi um dos mais eminentes membros, é, de certa forma, no famoso relatório da Cepal de 1949, seu predecessor mais importante. Mas Prebisch jamais alcançou a dimensão de Furtado como cientista social, tendo-se restringido ao que se convencionou chamar "ciência econômica", e não podendo, pela sua condição de burocrata internacional, empreender sequer a crítica de sua própria produção.

No vácuo da produção marxista, que desde Lenin, com *O desenvolvimento do capitalismo na Rússia*** – rigorosamente um estudo da formação

---

* Introdução à obra *Economia*. (Coleção Grandes Cientistas Sociais – Celso Furtado) São Paulo, Ática, 1983.

** Vladimir I. Lenin. *O desenvolvimento do capitalismo na Rússia:* o processo de formação do mercado interno para a grande indústria. São Paulo, Abril Cultural, 1982 (Série Os Economistas).

de uma economia subdesenvolvida –, parou e ficou repetindo velhas arengas, Furtado emerge nos anos 1950, a partir dos estudos da Cepal, inaugurando o que veio a ser chamado "método histórico-estrutural", adequado para explicar a formação dessas economias e sociedades no sistema capitalista *para além* da dominação colonial. O nome dado ao tipo de análise, menos que um método, é simultaneamente uma denúncia da falência do método neoclássico, a-histórico, então soberano na análise econômica, e um reconhecimento da necessidade de historicizá-la. O vigor de sua contribuição reside precisamente na tentativa de descobrir a especificidade da formação dessas economias e sociedades subdesenvolvidas. Sua marca característica é o abandono do clichê do colonialismo em que havia naufragado a teorização marxista depois do brilhante e definitivo estudo desse autor – abertura de caminhos teóricos – lido como "aplicação" da teoria marxista e paradoxalmente um dos menos conhecidos e estudados trabalhos desse tema. Por outro lado, a teorização furtadiana recusa também o velho e surrado esquema da divisão internacional do trabalho comandada pelas "vantagens comparativas", de inspiração ricardiana e malbaratamento neoclássico e marginalista.

O esquema teórico furtadiano explica as economias e as sociedades subdesenvolvidas mediante uma inversão da teoria das vantagens comparativas. Estas convertem-se numa espécie de "desvantagens reiterativas": é a partir da história da América Latina – cuja inserção na divisão internacional do trabalho do capitalismo mercantil em expansão na Europa dos séculos XVI e XVII funda as diversas economias latino-americanas – que se produz a teorização. A especialização dos países da América Latina na produção de bens primários *converte-se em desvantagem* na medida em que os países centrais do sistema capitalista passam a ser predominantemente produtores e exportadores de manufaturados. Por meio da desigualdade na relação de trocas do comércio internacional, instaura-se um mecanismo de sucção do excedente econômico latino-americano por parte das economias dos países centrais, que é ao mesmo tempo a reiteração, para os primeiros, da condição de produtores de bens primários.

Essa ligação-reiteração dos setores agroexportadores das economias latino-americanas depende, sempre, da demanda dos países centrais. Internamente, o setor exportador é o setor "moderno", que se comporta dinamicamente quando assim o favorece a demanda externa, mas que pela contínua deterioração dos termos de intercâmbio vê roubada uma parte substancial do excedente que produz. Essa ligação-roubo não dá ao setor exportador um papel interno transformador das estruturas econômicas e sociais. Ele se faz "moderno" em si mesmo, mas não se faz "moderno" para o outro setor, o "atrasado", representado pela larga produção agrícola de subsistência, que na vulgarização da teoria foi depois assimilado à agricultura em geral. O setor exportador é especializado na produção de algumas poucas mercadorias primárias, que tanto podem ser o café, a carne ou o trigo, ou na produção mineral (caso, sobretudo, do Chile). E tanto ele quanto as cidades devem ser alimentados pela agricultura de subsistência, o setor "atrasado" da economia, que tem dinâmica própria, infensa ao que se passa no setor "moderno", exportador. Está de pé o "dual-estruturalismo".

A tese cepalino-furtadiana da dualidade distingue-se da constatação geral e histórica do "desenvolvimento desigual e combinado" da tradição marxista (Lenin e Trotski) precisamente porque para Furtado e a Cepal o desenvolvimento é desigual – tanto pelas diferenças de grau e ritmo de desenvolvimento quanto pelas diferenças qualitativas entre setores que se desconhecem entre si –, *mas não é combinado*. Os dois setores não têm relações articuladas: o setor "atrasado" é apenas um obstáculo ao crescimento do setor "moderno", principalmente porque, por um lado, não cria mercado interno e, por outro, não atende aos requisitos da demanda de alimentos. Nem sequer a clássica função de "exército de reserva" o "atrasado" cumpre em relação ao "moderno": seria de supor que os excedentes populacionais produzidos pela lei interna de população do setor "atrasado" contribuíssem para, aumentando a oferta de mão-de-obra no setor "moderno", rebaixar os salários reais, o que lhe realçaria as funções na acumulação do "moderno". Mas a tese dual-estruturalista postula que o atraso do "atrasado", ao elevar os preços dos alimentos, contribui para elevar os salários do "moderno" e, por essa razão, converte-se em *obstáculo* à expansão do "moderno".

Dessa "contradição sem negação" entre o "moderno" e o "atrasado" nasce uma das mais importantes teses cepalino-furtadianas: a da inflação estrutural, que é, por sua vez, uma das contribuições mais notáveis ao pensamento econômico. Esta, a inflação, é estrutural num duplo sentido: em primeiro lugar, a contínua deterioração dos preços de intercâmbio entre as economias centrais e as economias latino-americanas obriga estas a aumentarem constantemente a produção em volume físico para compensar a queda dos preços internacionais das mercadorias que exportam; em segundo lugar, a inelasticidade da oferta agrícola de alimentos produzidos pelo "atrasado" – uma conclusão fundada num aspecto peculiar à economia chilena, o qual ocorre conjunturalmente em alguns outros países latino-americanos – eleva os preços e instaura uma corrida entre preços e salários no setor "moderno".

O remédio – a teorização cepalino-furtadiana faz-se em função da *proposição de políticas* – para sair do círculo vicioso do subdesenvolvimento é industrializar-se. Utilizando-se de um vasto e eclético arsenal, que vai desde um protecionismo à List – não o compositor-virtuose, mas o doutrinador da cartelização alemã do século XIX – até Lord Keynes – cujo multiplicador do emprego *explica* como a industrialização gera maior quantidade e diversidade de empregos e, por isso, eleva a renda, pondo em ação um mecanismo realimentador –, a proposição de Furtado e da Cepal converte-se na mais poderosa ideologia industrialista e, ao contrário do destino de muitas ideologias, influencia e determina *políticas concretas*, agendas de ação dos vários governos latino-americanos. Com a proposta de industrialização, Furtado pretende solucionar todos os problemas: por um lado, corta o nó górdio da relação que deteriora continuamente os preços de intercâmbio, pois *supõe* – uma de suas falhas – que, se os países latino-americanos passassem agora a exportar produtos manufaturados em vez de bens primários, a relação de intercâmbio se modificaria favoravelmente a eles; por outro, põe fim à inflação estrutural que advém da insuficiência dinâmica do setor externo, derivada precisamente da relação de intercâmbio desfavorável. Diante do problema da oposição entre o "moderno" e o "atrasado", que enfraquece o mercado interno e gera uma inflação de custos e preços desfavorável à expansão do "moderno" (que será agora a indústria), propõe-se a reforma agrária: ela é o elemento viabilizador da industrialização, pois, ao mesmo tempo que cria mercado interno, aumenta a oferta de alimentos, *desbloqueando* a acumulação por impedir o aumento dos salários nominais.

O dual-estruturalismo não é de modo nenhum uma teorização vulgar. Sua força residiu, sobretudo, em apontar a emergência de processos que não eram perceptíveis nem importantes para as outras vertentes teóricas. A dualidade "atrasado-moderno" escapa, por exemplo, tanto à a-historicidade do método neoclássico quanto ao mecanicismo das "etapas" e dos modos de produção seqüenciais próprios do stalinismo convertido em oráculo do marxismo. *Mas ele também – inclusive porque teoriza contemporaneamente os próprios processos que percebe – mascara os novos interesses de classe que se põem agora como "interesses da Nação".* O protecionismo à List vem tarde demais: as burguesias e seus interesses, funcionando como estruturadores de Estados nacionais, são também uma construção dos séculos XVIII e XIX.

Tendo em conta sua raiz keynesiana, decorrente não apenas da utilização das contas nacionais, o esquema cepalino-furtadiano já demonstra, pelo menos, uma primeira inconsistência teórica. Dificilmente se poderia esperar igual *agregação de valor* entre a produção de bens primários e a produção de bens manufaturados. E é essa agregação *diferenciada* que funda, na aparência, essa "troca desigual". Do ponto de vista de sua formalização, um exame mais acurado levaria a *não postular* essa aparência, pois a base da teoria da contabilidade social repousa exatamente sobre a noção de valor agregado, e não seria de esperar que economias com divisões sociais do trabalho tão desiguais produzissem o mesmo valor agregado; os preços internacionais e a relação de trocas deles decorrentes são, em parte, um fenômeno *diretamente* derivado dessa diferenciação da divisão social do trabalho e da agregação de valor por ela produzida.

A versão marxista, que desde logo não é a que postulam Furtado e a Cepal, a "troca desigual" de Samir Amin e Arghiri Emanuel, é ainda mais contraditória. Esses teóricos deveriam voltar a Marx, pois ele é explícito: o comércio internacional, ou, em outras palavras, a estruturação pelo capitalismo industrial de uma divisão internacional do trabalho, *não se dá mediante troca desigual de valores.* A famosa comparação entre o valor produzido por um artesão chinês e o que resulta do emprego da força de trabalho de um operário inglês é suficientemente clara a respeito.

Tanto a versão cepalino-furtadiana quanto a marxista de Amin-Emanuel não contemplaram a possibilidade teórica, que se deu na prática, da estruturação da divisão internacional do trabalho sob o capitalismo industrial. Em primeiro lugar, não perceberam o fato inegável de que o estabelecimento de colônias é, em si mesmo, um ato de rapina, de saque, parte do amplo processo de acumulação primitiva que, tanto nos futuros países centrais quanto nas suas colônias, está fundando o capitalismo. Em segundo lugar, tanto a fragilidade da teoria monetária em sua versão cepalino-furtadiana como a da versão marxista Amin-Emanuel não conseguiram desvendar o mistério da "troca desigual": esta não se dá porque exista desequilíbrio na relação de trocas, senão porque é a hegemonia do capital financeiro dos países centrais sobre a produção da "periferia", como é o caso da América Latina, *que estrutura o próprio sistema de preços internacional*, fazendo com que a moeda nos países dependentes expresse menos o valor da hora de trabalho e mais sua função na circulação interna do excedente e sua relação – a taxa cambial – com a moeda hegemônica. Logo, tentar medir pelos preços a relação desigual entre as produções centrais e as das "periferias" não apenas não permite entender a questão como não faz nenhum sentido. Aqui, uma vez mais, o fetiche do dinheiro tornou opaco o processo real. E vale lembrar que o caminho aberto por Lenin com a teoria do imperialismo fornecia, pelo menos, as pistas teóricas iniciais para o aprofundamento da questão. Que a versão cepalino-furtadiana não incorporasse essas pistas é, até certo ponto, compreensível, mas que as chamadas versões marxistas da "troca desigual" também não as tenham incorporado é simplesmente lamentável. Neste caso, a teoria do imperialismo deu um passo atrás, tornando-se uma versão pobre que não desvendou os mecanismos reais, voltando, monocordiamente, aos chavões do colonialismo e do neocolonialismo.

A rigor, por não ter incorporado a teorização de Marx sobre a internacionalização do capital, Furtado e a Cepal vão perceber algum tempo depois que a industrialização preconizada foi realizada na grande maioria dos países latino-americanos por meio de associações com o capital estrangeiro, o que rigorosamente põe por terra a teorização sobre "troca desigual" via relação de trocas no comércio internacional.

Mas a contribuição furtadiana é inovadora precisamente ali onde também comete equívocos, pois antecipa uma questão que somente vai ser percebida em sua inteireza já correndo os anos 1960: não há nenhuma "contradição antagônica" entre países produtores de matérias-primas e países produtores de manufaturas. No capitalismo moderno, a divisão internacional do trabalho está estruturada muito menos por uma "divisão entre as nações" do que por uma "divisão interna do trabalho" entre as empresas em escala internacional: estas são as multinacionais que Stephen Hymer vai teorizar mais tarde. De algum modo, pois, ao escapar do clichê do marxismo vulgar e dos epígonos de David Ricardo, a teorização furtadiana enriquece e dá alguns passos adiante no aprofundamento de uma teoria da divisão internacional do trabalho cujos alicerces estão na internacionalização prevista por Marx, na teoria leninista do imperialismo e na posterior teorização de Hymer sobre as empresas multinacionais. Havia-se superado, definitivamente, o mito das vantagens comparativas.

A estrutura teórica do subdesenvolvimento como *dualidade* é frágil. Apesar dos esforços por historicizar, da recusa à asséptica análise neoclássica, que é mais de Furtado que da Cepal (pois nas análises propriamente cepalinas o setor "atrasado" é um dado do problema, enquanto Furtado faz, principalmente em *Formação econômica do Brasil* e em *Teoria e política do desenvolvimento econômico* e no tratamento da "questão Nordeste", uma teoria do "atrasado" como extensão do "moderno"), o problema não é resolvido teoricamente. As contradições entre o "atrasado" e o "moderno" não passam do nível de oposições; apesar da relação negativa que parece ligar os dois setores, não há *realmente* relações: e é aqui, paradoxalmente, onde o dual-estruturalismo se aproxima de posições neoclássicas – não há propriamente uma *teoria da acumulação* na construção teórica do "subdesenvolvimento", há apenas uma *teoria da formação do capital*, e esta é a grande responsável pela incapacidade de entender as articulações reais entre os dois setores e a forma dialética dessa coexistência. Por outro lado, problema que Furtado perceberá depois em seu *Subdesenvolvimento e estagnação na América Latina*, a industrialização, nas condições concretas do nosso continente, *concentra* a renda em vez de operar sua melhor distribuição, e não porque não crie emprego, mas porque a suposição de uma relação unívoca no modelo keynesiano entre os multiplicadores da renda e do emprego era falsa. Aqui também a recusa a pensar estereotipadamente vai ao ponto de abandonar conceitos de maior riqueza teórica, passíveis de utilização dentro do ecletismo furtadiano.

A produção furtadiana desse largo primeiro período, em que se fundam as bases da teoria do subdesenvolvimento, é essencialmente otimista. Seu distanciamento político explícito procura, à maneira dos neoclássicos, apresentar uma teoria "econômica" da economia, mas não à maneira de Marx, em que as relações de produção constroem a sociabilidade geral; a rigor, a política na teoria do subdesenvolvimento é um epifenômeno. Se a relação centro-periferia reitera uma relação de dependência, ela mesma lançará, simultaneamente, as bases de um mercado interno que se amplia e de um "ponto de estrangulamento" da industrialização por escassez de divisas fortes, o que por sua vez reforçará, quase em sentido behaviorista, o movimento de industrialização, dando lugar ao que Maria da Conceição Tavares, dileta discípula, irá chamar de "substituição de importações". Paradoxalmente, a teorização que mais se baseou no conhecimento empírico das economias latino-americanas não chegou a alçar o vôo para realizar a passagem do concreto ao abstrato, com o que a própria pesquisa do e sobre o subdesenvolvimento delimitou-se não só historicamente como perdeu capacidade explicativa à medida que a realidade afastou-se crescentemente das esperanças abertas pela teoria e pela prática – as agendas de ação – nela fundadas.

2. O demiurgo do Brasil

Já em seu primeiro livro, *A economia brasileira*, a aplicação da teoria cepalina ao caso do Brasil dava mostras do que viria a ser. Retomando basicamente os mesmos temas, com abrangência e aprofundamento históricos maiores, Furtado escreverá, depois de um período em Cambridge,

Formação econômica do Brasil, pièce de résistance, formador de todas as gerações de cientistas sociais desde 1956. Furtado converte-se – é forte o termo – em *demiurgo do Brasil*. Ninguém, nestes anos, pensou o Brasil a não ser nos termos furtadianos. Essa obra tem uma imensa significação na história brasileira. Coloca-se, seguramente, ao lado de *Casa-grande & senzala* de Gilberto Freyre, *Raízes do Brasil* de Sérgio Buarque de Holanda e *Formação do Brasil contemporâneo* de Caio Prado Jr.* – obras que explicaram o Brasil aos brasileiros. A obra de Furtado, no entanto, vai além: não porque seja teoricamente superior, senão porque foi escrita *in actione*. Enquanto as anteriores explicaram e "construíram" o país do passado, a de Furtado explicava e "construía" o Brasil dos seus dias: era contemporânea de sua própria "construção". Nenhuma obra teve a importância ideológica de *Formação econômica do Brasil* em nossa recente história social.

Teoricamente, *Formação econômica do Brasil* é uma leitura keynesiana da história brasileira. O ecletismo cepalino também aí está presente, mas a marca forte é keynesiana. Incorporando contribuições de variada procedência (algumas não muito explicitadas, bebidas no próprio Caio Prado Jr.), o forte do livro é a explicação que apresenta da transição da economia exportadora de café para a economia industrial que emerge a partir da Segunda Guerra Mundial. Um engenhoso esquema keynesiano explica como, *queimando o café*, o governo brasileiro, sob Vargas, mantinha os níveis da renda interna e, ao mantê-los, preparava a transição para a industrialização. Esta aparece como o resultado convergente de dois processos: a manutenção dos níveis de renda internos e a crise de divisas fortes que, impedindo a importação de bens manufaturados, funcionava praticamente como uma espécie de barreira alfandegária que protegia os nascentes (ou em ampliação) ramos industriais que substituíam as importações na oferta interna. Mas Furtado não explica convincentemente – e o grave é que quase ninguém cobrou isso depois – como se dá a realização

---

* Gilberto Freyre. *Casa grande & senzala*. Rio de Janeiro, Record, 2000. Sérgio Buarque de Holanda. *Raízes do Brasil*. 3ª ed. São Paulo, Companhia das Letras, 1997. Caio Prado Jr. *Formação do Brasil contemporâneo* – colônia. 24ª ed. São Paulo, Brasiliense, 1996.

do valor de uma mercadoria não vendida: o café que foi queimado. Por um lado, a função de sustentação dos preços internacionais em violenta queda não compensava, quer pela manutenção dos preços no patamar a que haviam chegado, quer por uma melhoria desses mesmos preços, os custos dos fatores internos que haviam sido consumidos para produzir o café. Por outro, o papel do Estado, retendo uma porcentagem do preço externo para manter os níveis internos da renda, é uma espécie de cachorro mordendo o próprio rabo. A elegância do modelo, em que parece existir dialética, pois forças inconscientes de seu papel, ao lutarem por seus interesses *stricto sensu*, estruturam um processo não previsto, capturou todos e até hoje não se conseguiu produzir nada que o substituísse teoricamente.

A importância ideológica de Furtado e do seu keynesianismo que explicava a transição será, nos anos 1950, e, por que não o dizer, até hoje, o pano de fundo do "amor ao Estado" da burocracia econômica nacional. Essa "autonomia" do gasto estatal, capaz de construir pirâmides que mantêm a renda interna, formou gerações de cientistas sociais e, principalmente, de economistas cuja participação foi relevante na gestão da economia pelo Estado durante todo o período populista. A ideologia furtadiana estava ancorada em bases incrivelmente reais, e foi aí que colheu forças para influenciar todo um estilo de gestão econômica e estatal: estava ancorada de fato, embora a teorização furtadiana assim não o compreendesse, nas novas funções do Estado no capitalismo dos oligopólios. Porque mesmo as torpes figuras dos "entreguistas" clássicos, toda a laia que vai de Roberto Campos, passando por Lucas Lopes, Gouveia de Bulhões, até Delfim Netto, embora não comungassem ideologicamente do *love the government*, eram também estatizantes, obedecendo à lógica do capitalismo oligopolista. Mas estes últimos sempre pensam que a intervenção do Estado é passageira, apenas preparatória da assunção, pela empresa privada, dos ramos e setores que o Estado desbrava, enquanto Furtado e as gerações que ele formou padeciam de uma fúria amorosa pelo Estado: o primeiro, por ter descoberto keynesianamente a autonomia do gasto estatal em relação às imediatas condições concretas da demanda e da oferta agregadas, e, muitos dos segundos, misturando essa confusa noção com outra mais confusa ainda, de extração marxista vulgar, da estatização ante-sala do socialismo.

3. Novos exercícios de demiurgia: a questão Nordeste

A trajetória intelectual de Celso Furtado, a partir da segunda metade dos anos 1950, passa a confundir-se com sua trajetória *doublé* de administrador público e político não-partidário. Sua temática vai voltar-se para a questão regional. Os estudos que Furtado conduzia à época, como Diretor Regional do Banco Nacional de Desenvolvimento Econômico (BNDE) e economista do Grupo de Trabalho para o Desenvolvimento do Nordeste (GTDN), chegam a conclusões dramáticas no mesmo momento em que uma nova seca, a de 1958, colocava outra vez o Nordeste nas manchetes dos jornais. Kubitschek aproveita e lança a "Operação Nordeste" no conjunto do seu Plano de Metas, criando o Conselho do Desenvolvimento do Nordeste (Codeno), já sob a batuta de Furtado.

Em um brilhante documento – que não pode ser creditado à sua bibliografia devido ao caráter oficial que ganhou –, "Uma política de desenvolvimento para o Nordeste", Furtado resolve de forma admirável a velha queixa regionalista do atraso do Nordeste em relação ao Centro-Sul, emoldurando-a num quadro mais amplo e racionalizando-a: sim, os nordestinos tinham razão em suas queixas, mas eram outras as *causas*. A causa principal, desde logo, residia na arcaica estrutura agrária, que produzia simultaneamente excedentes populacionais que migravam para o Centro-Sul e uma economia extremamente vulnerável no Polígono das Secas. A economia do Nordeste era viável: sua contribuição ao orçamento de divisas, seu permanente saldo de divisas que passaram a ser utilizadas pelo Centro-Sul para pagar as importações o demonstravam. Reforçar a viabilidade da economia do Nordeste significava simultaneamente atacar a estrutura agrária e promover uma vigorosa política de industrialização, que seguia de perto, embora sem formalização modelística, a "substituição de importações" válida para o conjunto da economia nacional.

Sem abusar da expressão, seria necessário voltar a dizer que, desta feita, Furtado transforma-se no demiurgo do Nordeste. E o Nordeste por ele pensado tem a mesma força ideológica que o "seu" Brasil: numa conjuntura particularmente crítica, em que os signos de afastamento do

Nordeste em relação ao Centro-Sul que se industrializava rapidamente são, a rigor, simultânea e contraditoriamente, indicadores de um processo de integração latente e da morte da burguesia regional, a proposição de Furtado para o Nordeste tem, outra vez, o condão de agradar *quase* a gregos e troianos. Uma poderosa coligação de forças, que incluía a própria burguesia industrial regional, a burguesia oligopolista internacional-associada do Centro-Sul, classes médias e intelectualidade, Igreja, trabalhadores e camponeses, além das Forças Armadas, resulta, no apagar das luzes do governo Kubitschek, na criação da Superintendência de Desenvolvimento do Nordeste (Sudene), organismo fundado para implementar a política proposta por Furtado para a região nordestina.

Todas as teses cepalinas estão de volta agora na moldura nordestina. Há, explícita, uma deterioração dos termos de intercâmbio entre o Nordeste e o Centro-Sul, por meio de uma operação triangular: o Nordeste exporta para o exterior, e também para o Centro-Sul, bens primários, enquanto importa deste as manufaturas. O Centro-Sul gasta, na importação de bens de capital e produtos intermediários para sua industrialização, as divisas que o Nordeste produz. Uma política *nacional* de comércio exterior penaliza o Nordeste: as políticas cambial e tarifária impedem-no de ter relações autônomas com os países para os quais exporta açúcar, sisal, algodão, couros e peles, óleos vegetais. Aqui, a proposição furtadiana se esquece, esquecendo-se a si mesma, de que no caso da América Latina a relação direta com os países centrais *não melhora* a posição de barganha. Estamos em plena euforia da industrialização kubitschekiana: *também* o Nordeste somente conseguirá sair da situação de "periferia", vencer o subdesenvolvimento, se se industrializar. Os interesses das classes sociais *nacionais* são resolvidos em torno da industrialização: de fora, apenas os latifundiários do Nordeste, e não precisamente os barões-ladrões do açúcar, mas os do complexo algodão-pecuária, os "coronéis".

Em *A operação Nordeste*, livro que reúne as conferências feitas no Instituto Superior de Estudos Brasileiros (Iseb) em 1959, Furtado assume a responsabilidade pelas teses inscritas no programa do GTDN, e as radicaliza: *o Nordeste é um problema de segurança nacional*, seu atraso relativo implica a descontinuidade da unidade nacional; estão dadas, pois, as condições para a cristalização de um antagonismo, de um ressentimento que o tempo simplesmente não resolverá. São inúmeros os exemplos na história dos países capitalistas de "questões regionais" irresolutas, flancos abertos na unidade nacional desses países: a Irlanda e a Inglaterra, o Mezzogiorno e a Itália, o Old South e os Estados Unidos. Contradições entre regiões *podem transformar-se* em contradições entre classes – e, ironicamente, a principal delas seria entre os operários do Centro-Sul e os imigrantes do Nordeste, pois a imigração maciça estava mantendo baixos os salários reais no Centro-Sul, em absoluto descompasso com os ganhos de produtividade do trabalho observáveis na economia que tem São Paulo como epicentro.

Teoricamente, a contribuição de Celso Furtado sobre a "questão regional" não é muito relevante. À parte a construção do que se poderia chamar de "modelo de equilíbrio" do complexo algodão-pecuária, em que a sobrevivência dos baixos padrões de produtividade é um mecanismo endógeno de articulação entre a produção de subsistência e a produção das mercadorias ou dos produtos comercializáveis – de um lado, pois, os produtos do latifundiário e, de outro, o fundo de subsistência dos parceiros, meeiros, posseiros, da vasta tipologia semicamponesa do Nordeste –, não há outra novidade teórica na produção furtadiana sobre o Nordeste. Diga-se de passagem que a teorização sobre o complexo algodão-pecuária é extremamente importante para desvendar o segredo da manutenção da arcaica estrutura agrária no Nordeste e mesmo em outras regiões brasileiras. Mas Furtado não explora a fundo essa constatação. Seu interesse reside apenas em mostrar como esse "equilíbrio do sertão" é avesso e antagônico à industrialização.

Mais tarde, refletindo sobre sua experiência – dívida que aliás Celso Furtado não pagou completamente e que todos esperam um dia ver quitada –, ele migra para uma espécie de "sociologia da resistência às mudanças", explicando o atraso do Nordeste e as próprias lutas travadas em torno da criação da Sudene – de que foi o primeiro e insuperável superintendente – pelo enrijecimento das velhas estruturas sociais que ficaram à margem dos processos de transformação em curso na sociedade brasileira. O que pode parecer à primeira vista uma simples tautologia é, na verdade, uma forma eufemística – muito usada por Furtado para não se submeter aos cânones de qualquer escola – de interpretar a luta entre as oligarquias agrárias e a burguesia industrial internacional-associada do Centro-Sul.

4. Reformas antes que tarde

O lema da Inconfidência Mineira, "liberdade ainda que tarde", é uma contradição: quando tarda, ela não vem jamais. No período que vai de 1959 a 1964, Celso Furtado trabalha ativamente: sua experiência *doublé* de administrador público e político enriquece extraordinariamente o pensador – e somente muito depois de 1964 é que Furtado pode ser considerado um *acadêmico*, no sentido de que suas proposições não estão ligadas à ação –, e este devolve àquele formulações de *políticas e estratégias de transformação*. A experiência e um agudo senso de observação ensinaram ao antigo cepalino que "há dores no parto": a sociedade brasileira move-se com extraordinária rapidez, e esse processo de rupturas, reformas, implantação de novas estruturas é, numa palavra, um processo agudíssimo na luta de classes em todas as direções. Furtado produz *Desenvolvimento e subdesenvolvimento, A pré-revolução brasileira* e, como ministro do planejamento, o Plano Trienal do governo João Goulart. Esta é a trilogia de sua plataforma de reformas: antes que tarde... demais.

Desenvolvimento e subdesenvolvimento é a sistematização da teoria do subdesenvolvimento, que reaparecerá depois em *Teoria e política do desenvolvimento econômico*, e é também um prelúdio antimarxista da plataforma de reformas. A Furtado parece que, no espectro de possibilidades políticas que a agudização da luta de classes coloca, uma é certamente o caminho "soviético". Furtado trata de demonstrar que, em relação ao nível alcançado pelo processo econômico, social e político brasileiro, *qualquer revolução significará um retrocesso* – isto ficará mais claro em *A pré-revolução brasileira*. A sociedade brasileira caracteriza-se, já naquele momento, por uma estrutura industrial diversificada e relativamente avançada, uma estrutura social enriquecida pelo próprio crescimento econômico e um Estado bastante articulado, já tendo, até mesmo, avançado substancialmente no campo do planejamento econômico – um Estado moderno, sem dúvida. Nessas condições, *nenhuma revolução é necessária* e sua emergência pode arriscar todo o avanço já conseguido.

É preciso demonstrar, porém, que o equívoco de um possível "caminho soviético" provém da própria teoria marxista. É preciso avançar nas reformas "antes que tarde"; a esquerda brasileira de então é não apenas "reformista", mas, mais que isso, *pensa* dentro dos esquemas furtadianos. Para conservá-la como aliada, mas derrotar as alternativas que possa propor, é preciso derrotá-la em seu próprio terreno. É preciso derrotá-la, derrotando Marx. Talvez Furtado não suspeitasse que a esquerda brasileira da época conhecia muito pouco Marx. Há erros – ? – grosseiros na crítica a Marx e um viés positivista em esperar que os sistemas fundados no "socialismo da acumulação" – o sistema social soviético e dos países do "socialismo real" – pudessem ser confrontados com a visão marxista – isto é, de Marx – das sociedades para além do capitalismo. Em outras palavras, Furtado não fez aos países do "socialismo real" a crítica de Marx ao "Programa de Gotha". O empreendimento revela-se intelectualmente infeliz. E naquilo que poderia ser um avanço em relação a Marx, no explorar as formas do capitalismo oligopolista, Furtado não avança um milímetro.

A pré-revolução brasileira é um dos mais brilhantes ensaios de Furtado, injustamente esquecido. Aqui ele abandona a postura do economista para alcançar as dimensões de um pensador político, numa linha que talvez nunca tenha retomado com o mesmo vigor. *A pré-revolução* é uma proposta de reformas de base. Contemporânea dos mesmos movimentos que reclamavam a modernização das estruturas econômicas, sociais e políticas da nação, difere na questão central posta, *e essa diferença é essencial*: para Furtado, as reformas são necessárias para manter uma sociedade aberta e pluralista, que sobreviva às tensões de sua própria expansão/ transformação. O tema da liberdade é colocado de forma desassombrada, sem falsos pudores. Enquanto para a própria esquerda da época impulsionar as reformas de base *é apenas uma estratégia de ampliação e consolidação do capitalismo*, muito ao figurino das "etapas" e seqüências de modos de produção do stalinismo, para Furtado as tensões da expansão/transformação, entregues à sua automaticidade, *tendem* ao fechamento da sociedade e, segundo a sua visão, ao "modelo soviético".

Suas propostas levavam, evidentemente, ao aperfeiçoamento do capitalismo, e seu ataque frontal ao "espectro soviético" mostra aonde ele quer ir ou onde quer se manter. A atualidade desse ensaio persiste pela colocação da questão da liberdade, e nesse sentido o livro é até profético. Furtado e a esquerda da época se equivocam por não terem captado os conteúdos intrinsecamente autoritários do capitalismo oligopolista e, mais concretamente, as *formas* que assume em sociedades como a brasileira. Equivocam-se por não terem uma teoria do capitalismo contemporâneo. Noutra linha teórica, analisando as tendências à internacionalização da economia brasileira, Fernando Henrique Cardoso, em trabalho que só seria publicado nos albores de 1964, *Empresário industrial e desenvolvimento econômico no Brasil**, aponta certeiramente para os processos de associação da burguesia nacional com o capital estrangeiro, *para a ausência de um projeto nacional* dessa classe e para a sua discreta preferência – o "discreto charme da burguesia" buñueliano – por um *Estado forte* ou sua nada discreta indisposição para alianças com o proletariado. Estava desfeito o "pacto populista" que Furtado intentava reformar e a esquerda míope, sem óculos, tentava eternizar. Cardoso acerta quanto às tendências, e sua competência revela-se precisamente no uso do método marxista. Enquanto Furtado trabalha corretamente no tracejar as tendências, sem entretanto concretizar os atores e agentes das transformações, o que é sua fraqueza teórica, a esquerda da época trabalha em termos de um teleologismo sem história concreta, e Cardoso estuda as tendências tomando os atores e agentes concretos das transformações. Nisto reside a diferença. Longe do "espectro soviético" e longe da "estatização ante-sala do socialismo", o movimento militar de 1964 vai mostrar qual é *a forma* do regime político: vai direto ao autoritarismo e, nos períodos mais negros, à ditadura sem disfarces.

---

* Fernando Henrique Cardoso. *Empresário industrial e desenvolvimento econômico no Brasil.* 2ª ed. São Paulo, Difel, 1972.

O Plano Trienal do Governo Goulart, que serviu de bandeira de luta contra o parlamentarismo vigente em 1961-1962, após a renúncia-golpe de Jânio Quadros, é o *Te Deum* do presidencialismo populista, uma espécie de "visita da saúde" ao moribundo, e o *requiem* do ministro do Planejamento. É a cristalização programática dos conteúdos de *Desenvolvimento e subdesenvolvimento* e de *A pré-revolução brasileira*. É o tarde das "reformas antes que tarde".

5. O desenvolvimentismo e seu espelho: o estagnacionismo

O golpe militar de 1964 desfaz ilusões; se fossem apenas ilusões, ainda que lamentáveis... As tensões quase insuportáveis previstas por Furtado deslocam para a direita, e não para a esquerda, os regimes políticos que presidem a expansão do capitalismo oligopolista. Furtado agora é um acadêmico: seu trabalho não está voltado para propostas de ação, mas para a interpretação. Como os grandes economistas, sua tentativa de buscar as *razões estruturais* que determinam o fechamento da expansão capitalista – na verdade, uma crise cíclica e não um "fechamento" da expansão – o conduz ao estagnacionismo, à estagnação como componente intrínseco, não um momento, mas uma determinação para a qual tende sempre o sistema econômico. Estamos de volta a Smith, Ricardo e, sobretudo, a Stuart Mill.

Sua produção desse período é sintetizada em *Subdesenvolvimento e estagnação na América Latina*. Aqui Furtado está em seu apogeu de "economista", mais rigoroso, mais *establishment* acadêmico. A base do modelo é, de novo, o multiplicador keynesiano do investimento e do emprego, só que dessa vez as conclusões que ele tira são opostas: há uma tendência economizadora de mão-de-obra no processo global de crescimento econômico, e economias como a brasileira – que não geram seu próprio progresso técnico – ao importarem tecnologia estão importando "funções de produção" – diria um neoclássico – economizadoras de mão-de-obra. Os clássicos problemas levantados desde a Cepal ressurgem, dessa vez com sinais contrários: a tendência crônica ao déficit do balanço de pagamento se instaura, ademais do efeito da deterioração dos termos de intercâmbio, pela pressão da demanda de importações para a industrialização sobre uma receita cambial inelástica. A importação de bens de capital com tecnologia tipo *capital-intensive*, determinada não apenas por ser a tecnologia disponível no mercado internacional, mas por ela aumentar aceleradamente a produtividade do trabalho e o excedente, instala uma crescente desproporção entre o aumento do produto e o aumento do emprego. Produzem-se simultaneamente *crescimento e concentração da renda*. O mercado estreita com a expansão, em vez de – com o perdão da redundância – expandir. Os ciclos sucessivos e reforçadores desse mecanismo levam à estagnação: o progresso técnico é o elemento central da tendência à estagnação. Estamos mais próximos de David Ricardo e de Stuart Mill.

O corolário desse "fechamento" do mercado é uma crise de subconsumo e de superacumulação que – pelos efeitos depressivos sobre a taxa de excedente produzido pela ociosidade do capital, por uma relação capital – trabalho em alta – desemboca numa crise de subacumulação. O modelo elaborado por Furtado talvez tenha sido o mais rigoroso que ele produziu. Uma vez mais, a recusa em utilizar os conceitos de "exploração" e de "mais-valia" revela o flanco teórico da construção furtadiana: não é que a utilização desses conceitos supra o trabalho teórico-prático, mas nas mãos de Furtado certamente sua utilização poderia ter sido bem rica. Uma crise dramática é confundida em suas causas e Furtado não percebe sua "utilidade", que é a de acelerar o processo de concentração de capital na economia brasileira. Não percebe, a rigor, que se estava fechando para sempre a breve etapa do capitalismo concorrencial no Brasil, cujas leis diferem das do capitalismo oligopolista e cujas formas políticas somente por milagre não seriam distintas. Estamos em pleno ano de 1966, a apenas um ano ou pouco mais do começo de um febril período de expansão, conseguido à custa, entre outras causas, do arrocho salarial – e a previsão de Furtado era a de estancamento.

Teoria e política do desenvolvimento econômico é a obra de sistematização mais acabada na bibliografia furtadiana. Estão aqui as idéias já expostas em *Formação econômica do Brasil*, o aproveitamento do que restou de *Desenvolvimento e subdesenvolvimento*, principalmente do capítulo sobre Marx, e a teorização sobre a crise típica das economias subdesenvolvidas já presente em *Subdesenvolvimento e estagnação na América Latina*. Há uma brilhante exposição das diferenças históricas entre a formação das economias centrais e a das economias subdesenvolvidas. O esquema diferenciador gira em torno da transformação tecnológica, *originária e autônoma* nos países centrais e *imposta* às economias subdesenvolvidas. Essa diferença faz com que para as economias subdesenvolvidas se exportem apenas as relações técnicas *stricto sensu*, mas não as relações sociais, que são sua "alma". O efeito sobre as economias subdesenvolvidas é o de um multiplicador keynesiano funcionando em sentido inverso (para economizar mão-de-obra) e o de um "consumismo" imposto econômica e culturalmente (o qual lhes deprime o coeficiente de poupança, por um lado, e obriga a sofisticar a tecnologia, por outro). É o círculo vicioso do subdesenvolvimento, sem possibilidade de sua "negação".

O planejamento nas economias subdesenvolvidas, na ausência de mecanismos de mercado que funcionem como nas economias centrais capitalistas, tem a função de técnica de alocação de recursos. O planejamento é uma técnica neutra: esta é uma das teorizações mais ideológicas do esquema cepalino-furtadiano, a qual projetou negativa influência sobre gerações de cientistas sociais. A ausência de mercado nas economias subdesenvolvidas é insuficientemente explicada, assim como a teorização sobre o próprio mercado nas economias centrais é reduzida às funções simbólicas de orientação para a alocação de recursos. O planejamento faz, portanto, as vezes do mercado: aqui a teorização furtadiana não aproveita sequer sua raiz keynesiana, pois no capitalismo oligopolista, rigorosamente, *não há mercado* no sentido em que seria válido falar no contexto e sob as leis de reprodução do capitalismo concorrencial.

A obra furtadiana, fiel às suas raízes cepalinas, continua a expor seu "calcanhar-de-aquiles": o tratamento da questão monetária simplesmente inexiste, ou, melhor dizendo, os preços são reduzidos a uma mera função simbólica, e o dinheiro e a moeda são apenas *equivalentes* da produção física. É evidente o empobrecimento da teoria monetária nas mãos dos estruturalistas, como Furtado. *Os preços não são valores*, mas apenas uma tradução das quantidades físicas da produção. Essa absoluta incapacidade de lidar com as questões monetárias já havia provado sua ineficácia teórica e prática em toda a história pós-cepalina da inflação nos países da América Latina, quando a frágil teoria da inflação estrutural reduzia o fenômeno inflacionário a uma desestruturação entre oferta e demanda físicas, longe de compreender as complexas determinações do que *é o real* no sistema capitalista – onde o dinheiro desempenha não apenas uma função crucial, mas é a própria síntese de um sistema que se estrutura sobre a *produção de valor*.

6. Reformas sem reformadores

No Brasil, o regime pós-1964 e seu "êxito" econômico (conseguido à custa da repressão política e do arrocho salarial), redefinindo as funções do Estado *na sustentação e na produção de valor*, haviam posto por terra todas as teorizações estagnacionistas, inclusive e fundamentalmente a cepalina e a furtadiana, versões de um mesmo núcleo central. Em vez do "fechamento" do mercado, uma inusitada expansão deste; em vez da correção dos impasses do capitalismo subdesenvolvido pelas "reformas de base", uma expansão sustentada precisamente em antirreformas. Era preciso "explicar" teoricamente aquele "sucesso". Furtado também não resiste a essa sedução e tenta manter-se ainda no terreno do "economista": produz *Um projeto para o Brasil* e *Análise do "modelo brasileiro"*.

Um projeto para o Brasil, produzido no calor das esperanças havidas com o "veranico" Costa e Silva, pré-terror do AI-5, é a proposição de um conjunto de reformas, chamadas "medidas", que gravitam em torno da mudança do perfil da demanda global como motor de uma nova expansão industrial e mecanismo corretor dos "desvios" do desenvolvimento anterior, os quais haviam conduzido à paralisia recessiva dos anos 1963-1967. A interação entre essa expansão industrial e o consumo popular é, *ela mesma*, a melhoria da distribuição da renda. Furtado antecipa o fetichismo do consumo, que vai dominar sua obra teórica até o período mais recente, quando ele começa a transitar da economia para a filosofia, fazendo, ao inverso, o caminho de Marx. *Um projeto para o Brasil* é a utopia do consumismo popular, pois não apresenta uma explicação adequada de como, sem transferência do poder ou mudanças fundamentais na sua estrutura, sem mudanças na estrutura de classes – que só é entendida como a pirâmide de distribuição da renda –, sem mudanças na estrutura de apropriação e propriedade do excedente econômico, para não falar do capital, pode ocorrer uma industrialização voltada para os interesses populares, para o consumo popular. A teorização de maior fôlego de Furtado havia negado precisamente a possibilidade de existência entre nós de um capitalismo capaz de alargar fundamentalmente a produção para as grandes massas populares, em razão do mecanismo que instaura uma relação desfavorável entre crescimento do produto e crescimento do emprego.

A *Análise do "modelo brasileiro"* parte da concentração da renda, que é explicada por meio dos mesmos mecanismos que sustentavam, em *Subdesenvolvimento e estagnação na América Latina*, a teorização sobre o "fechamento" do mercado; dessa feita, a concentração da renda explica a expansão do mercado de bens duráveis de consumo e os efeitos reiterativos entre essa expansão e a própria concentração da renda. O fetichismo do consumo, já assinalado, lastreia a proposição teórica: a importação de estilos, de consumo, internacionalizados pelos modernos meios de comunicação via *mass media*, induz à industrialização interna dos bens duráveis de consumo e, em última análise, à concentração da renda.

Aqui, ao querer ser "economista", Furtado migra para, a rigor, colocar como dada a *forma específica* da expansão capitalista no contexto de uma economia subdesenvolvida; sua teoria da internacionalização dos estilos de consumo é claramente insuficiente para tanto. Dessa forma, sua proposição é *política no ar*, pois a *transição política* para um novo estilo de expansão industrial não tem explicação econômica: a economia política de Furtado resvala, de maneira imperceptível, talvez como nunca em sua produção teórica, para aproximar-se, paradoxalmente, dos neoclássicos.

7. Da economia para a filosofia

A mais recente fase da produção intelectual de Celso Furtado pode ser chamada de "filosófica". Como para todos os grandes economistas, o campo estritamente técnico-teórico da ciência econômica revelou-se estreito para um intelectual do seu porte, com sua característica abertura e inegável criatividade. Seguindo uma tradição que entre os economistas vem, pelo menos, desde Smith, um "filósofo moral", Furtado empreende agora uma ampla incursão pelo terreno da discussão das próprias premissas científicas, do arcabouço teórico da economia e de sua capacidade para dar resposta aos grandes problemas contemporâneos. Produz o *Prefácio à nova economia política*; depois, *Criatividade e dependência na civilização industrial*; e, já agora em 1980, *Pequena introdução ao desenvolvimento – enfoque interdisciplinar*.

O *Prefácio* revela muito da pretensão furtadiana: o arcabouço teórico da ciência econômica deve ser radicalmente repensado, pois os esquemas que remontam a Smith, permanentes até nossos dias, são insuficientes para descrever e interpretar o mundo de hoje. A realidade consolidada das empresas multinacionais, a convergência antes que antagonismo entre as duas grandes potências, Estados Unidos e União Soviética, que simbolizam os sistemas capitalista e socialista, derrotou a todos, marxistas e não-marxistas de todos os matizes. Furtado empreende uma crítica *histórica* dos fundamentos da economia, mostrando a temporalidade da construção conceitual e, portanto, seus limites e sua inadequação para explicar um mundo radicalmente transformado. A crítica à economia neoclássica é particularmente interessante, pois desvenda como um artifício reducionista, que em algum momento da história foi pertinente, foi elevado à categoria de abstração universal, sem fronteiras de tempo e espaço. Já na crítica ao marxismo, tarefa teórica imprescindível até para o próprio marxismo, Furtado deixa-se levar por um velho preconceito: Marx é reduzido às proporções de um "discípulo de Sismondi" (Simonde de Sismondi), o que é evidentemente um despropósito. Furtado não aproveita a ocasião, por exemplo, de uma crítica à teoria da formação da taxa de lucro, para deixar-se levar pelo caminho da contestação fácil de que, ao contrário da previsão marxista, não houve a "pauperização absoluta", nem a revolução nos países capitalistas mais importantes aconteceu nem o proletariado nesses países foi a classe revolucionária. Muito ao contrário, o proletariado alcançou níveis de vida bastante similares aos das classes não-proletárias – as classes médias, por exemplo – e chegou a ser parte das estruturas de poder nos países europeus mais desenvolvidos.

Em *Criatividade e dependência na civilização industrial*, Furtado discute a origem da crença na razão e a ciência como técnica da razão, apontando para a influência que o neoplatonismo de Galileu teve na estruturação de um modo de pensar que privilegiou a formalização e a quantidade como expressões da realidade; a ciência seria apenas a leitura dessa razão interior do mundo das coisas; a ciência é a matemática porque a realidade é matemática. Sua tarefa é, pois, semelhante à própria façanha de Galileu: basta aperfeiçoar os instrumentos da percepção, os pesos e as medidas, o telescópio. O objeto está lá, mudo, sereno e imperturbável, à espera de sua revelação ao descobridor, que somente o descobrirá se for capaz de construir teorias e instrumentos iguais à natureza do objeto: matematizáveis, quantificáveis.

Essa razão-ciência ocidental, ao privilegiar a quantidade, acoplou-se, em relação de causa-efeito-causa, a um sistema de produção que tinha por eixo a acumulação, fundada em extração de valor. A sociabilidade do modo de produção capitalista é uma sociabilidade do valor quantificável. Nesse processo, tanto o sistema capitalista quanto sua razão-ciência abandonaram, desvalorizaram o outro lado: o lado da qualidade, somente recuperável pelas rupturas que o não-quantificável impõe a essa sociabilidade: pela arte, que recupera a criatividade, infensa à quantidade; pelos movimentos não-políticos que postulam o não-poder sobre as estruturas fundadas no valor – o movimento ecológico, o movimento das mulheres.

Vale a pena ressaltar, de passagem, que a própria noção de ciência como técnica da razão, que Furtado combate, há muito foi superada. No terreno das ciências da natureza e da própria matemática, a ciência não é mais a "leitura" de um objeto dado: a interação sujeito-objeto é posta claramente já na noção einsteiniana de espaço-tempo, e na matemática o estudo dos conjuntos e da probabilidade recuperam a qualidade, reiteram a individuação como mediadora da própria quantidade. A lingüística e a semiologia, ao procederem à desestruturação do discurso e à interação do significante e do significado, exploram exatamente a individuação no contexto, como qualidade diferenciadora.

Por outro lado, à parte o materialismo vulgar travestido de marxismo na longa letargia stalinista, é possível defender para o marxismo uma proposta de ciência como *não-leitura* da natureza: a dialética da essência e da aparência, a questão do fetiche, o conceito de valor, central no marxismo, não apenas se afastam, senão que negam a transparência da realidade – esta não é quantificável, nem tem uma medida, um peso, um metro, imutáveis e alheios à relação sujeito-objeto. Ironicamente, essa *impossibilidade* de medir o valor – modernidade de Marx, atualidade de Marx, antecipação de Marx – foi sempre posta pelos seus críticos, Furtado incluído entre eles nas pegadas de Joan Robinson, como a prova da não-cientificidade do método marxista, e o conceito de valor jogado ao limbo de uma metafísica ininteligível.

8. A economia política de Celso Furtado

Furtado é, simultânea e contraditoriamente, o menos clicherizado dos intelectuais brasileiros de seu tempo e o mais ideológico de todos. Já se anotou sua "rebeldia" aos padrões impostos tanto pelo pensamento marxista, não muito produtivo na América Latina antes dos anos 1970, quanto pela ortodoxia neoclássica em estado falimentar. E, entretanto, se assinala sua produção como sendo ideológica. Talvez tenha contribuído muito para essa "ideologização" do pensamento furtadiano o ter trabalhado na Cepal, cuja função principal era a de estudar as economias latino-americanas e recomendar práticas de planejamento e políticas de desenvolvimento. Esse contato com a realidade multiforme e ao mesmo tempo homogênea da América Latina, por um lado, e, por outro, a necessidade de recomendar políticas produziram a obrigação de conhecer, uma imensa vantagem sobre uma teorização que já conhecia aprioristicamente a verdade – a marxista vulgar, produzida principalmente pelos seguidores dos partidos comunistas –, mas levaram também ao viés quase positivista de que todo conhecimento é orientado para solucionar alguma questão. A obra furtadiana é uma obra para a ação. Um certo ziguezague é determinado por essa obsessão de produzir conhecimento que se transforme em ação.

A originalidade da obra de Furtado nasce dessa contradição. Como qualquer produção científica, *ela é socialmente determinada*, e essa determinação é perceptível. Mas dizer que ela é socialmente determinada não é dizer tudo: todas as suas contemporâneas também o foram, no entanto poucas chegaram ao nível da obra furtadiana e *nenhuma* teve a sua importância ideológico-prática. A obrigatoriedade de entrar em contato com a realidade de outros países da América Latina abriu as portas para a percepção de que havia algo mais além dos chavões do "colonialismo" e das "vantagens comparativas" da divisão internacional do trabalho. O conceito de subdesenvolvimento é isso: se bem o termo tenha sido usado antes, e de fato seu aparecimento coincide com a presença na cena internacional de novos países, criados pela liquidação do colonialismo como seqüela da Segunda Guerra Mundial – a determinação social da produção intelectual –, a produção cepalino-furtadiana é que vai erigi-lo em algo mais que um neologismo da nova linguagem diplomática "à Nações Unidas". O conhecimento das economias e sociedades latino-americanas revelou-se vital para a produção desse conceito: tratava-se de países secularmente independentes do ponto de vista político, de alguns países que haviam alcançado alta participação na divisão internacional do trabalho do período de ouro do imperialismo – tanto a Argentina na produção e no comércio de trigo e carne quanto o Brasil na produção e no comércio de café – e que, portanto, contavam com enormes quantidades de excedente econômico reinvertível. No entanto, permaneciam numa relação de subordinação dentro de uma divisão internacional do trabalho capitalista já diferente. Forçoso é dizer que os esquemas teóricos do colonialismo não explicam essa realidade. Por outro lado, a história da ascensão ao *ranking* dos desenvolvidos via alta especialização como produtores de bens primários na pretérita divisão internacional do trabalho, façanha alcançada por Austrália e Nova Zelândia e nunca repetida depois, desmentia também a teorização sobre a vantagem das "vantagens comparativas".

O novo da produção furtadiana, principalmente de sua fase "cepalina", é essa síntese: rigorosamente, a produção intelectual de Celso Furtado é a produção do conceito de subdesenvolvimento. Como síntese, seus elementos são ecléticos, vindos principalmente da fusão de uma visão histórica – imposta mesmo pelo fato de que as economias e sociedades latino-americanas não haviam nascido ontem – com os elementos teórico-instrumentais keynesianos. Esse é seu núcleo principal. Nesse sentido, o uso dos conceitos teóricos principais é redefinido no interior da construção furtadiana. Uma leitura escolástica e exegética da obra de Furtado é não apenas míope, mas também, e principalmente, perde o sentido de síntese teórica do conceito de subdesenvolvimento.

Por outro lado, o conhecimento como forma de suportar, informar a ação, como *planejamento*, é também determinado pela necessidade de apontar políticas, primeiro para o conjunto dos países da América Latina e depois para o Brasil. Contraditoriamente, o conhecimento como planejamento é altamente limitativo na teorização furtadiana, aparecendo como uma necessidade ditada pela obrigatoriedade de acelerar o crescimento – *em ausência ou não se podendo esperar pelo nascimento e pela consolidação das formas de mercado* – e nunca como um sinal dos próprios processos de concentração e centralização do capital. O planejamento é racional na teorização furtadiana, é uma questão de adequação entre fins e meios. E o conhecimento como planejamento será o responsável pela sua enorme influência, pela demiurgia furtadiana. Surgido em condições de gestação de uma nova divisão internacional do trabalho capitalista, em que as antigas contradições entre imperialismo e industrialização das periferias estavam se transformando em seu contrário, o pensamento furtadiano logrou um raríssimo acoplamento na história da produção intelectual: entre esta e o movimento de transformação das estruturas de produção. Esta é a sua força e a explicação de seu inusitado sucesso até hoje.

Essa produção para a ação é a *economia política* de Celso Furtado e também sua mais séria limitação. Tendo começado seu roteiro teórico procurando escapar das limitações e da rigidez produzidas pela ausência de teorização original sobre as economias e sociedades latino-americanas, e especialmente sobre a brasileira, a obra de Furtado transforma-se ela mesma numa ideologia; se esse é um critério pelo qual se pode medir o alcance de sua influência, é também um critério pelo qual se pode ajuizar a temporalidade de sua obra. Durante algumas décadas, pelo menos nos últimos vinte e cinco anos, os economistas brasileiros podiam ser divididos entre "furtadianos" e "antifurtadianos", e essa influência, já se assinalou, extrapolou e atingiu outras áreas das ciências sociais. Essa transformação em ideologia terminou por infecundar as próprias gerações por ela influenciadas: a obra de Furtado é uma referência obrigatória para todos que estudam o subdesenvolvimento, a América Latina e o Brasil mas, no período em que suas *teses para a ação* já ruíam pela demonstração contrária – e esse é um dos fortes *handicaps* de qualquer ideologia –, tanto a nova situação econômica, social e política do Brasil não podia ser entendida à luz da teorização furtadiana quanto, o que é mais grave, elas não deram lugar a nenhuma pesquisa que pudesse tentar conhecer a nova situação. A obra de Furtado corre o risco de ser *apenas citada*, o que é, sem dúvida, um lamentável resultado do nosso modismo cultural. Como se a "questão nacional", que no fundo é a questão posta pelo conceito de subdesenvolvimento, já não tivesse nenhuma relevância nem pertinência, para citar apenas a principal.

Estas notas introdutórias à leitura do que de mais expressivo contém a obra de Celso Furtado, seleção certamente influenciada pelas minhas próprias preferências, não se parecem com balofas laudações usuais nesse tipo de apresentação. Elas talvez pareçam mais críticas do que deveriam ser. A obra de Furtado é, ela mesma, uma recusa ao "jeitinho" brasileiro; a crítica de sua obra também deve recusar essa "ação entre amigos" em que se desenvolve boa parte da produção intelectual nacional. De mais a mais, não se conhece nenhum outro autor contemporâneo cuja influência no Brasil tenha alcançado os níveis que a obra de Furtado alcançou.

Sobre a pessoa Celso Furtado, sua autobiografia intelectual, que abre a presente antologia, fala eloqüentemente:

Personalizando, por minha vez, estas notas introdutórias, devo dizer que aprendi com Celso Furtado não apenas tudo aquilo que esta introdução assinala, mas sobretudo uma lição de dignidade, austeridade no trato da coisa pública, da *res publica*, incorruptível decência política, que é o privilégio de quem pôde privar de sua liderança e de sua amizade.

CELSO FURTADO E O PENSAMENTO ECONÔMICO BRASILEIRO*

Começo invertendo a tradicional forma de exposição em que se aborda a obra intelectual de um autor, neste caso Celso Furtado, para me referir inicialmente à pessoa, uma rara figura de intelectual e homem de ação. Essas duas qualidades poucas vezes vêm juntas, e no Brasil infelizmente essa coincidência é ainda mais escassa. Alguns notáveis estruturadores do pensamento social brasileiro ou não experimentaram pôr em ação sua doutrina ou não tiveram essa chance; de outro lado, a maioria dos homens públicos brasileiros não tem doutrina – são apenas políticos profissionais, uns mais florentinos, outros mais malufados, quase todos o avesso do avesso: pensam-se heróis, e são anti-heróis; como o personagem Macunaíma, têm em comum apenas a falta de caráter.

No caso de Celso Furtado essa referência pessoal não é nenhuma louvação, aliás desnecessária, mas serve para dar o gancho que dá senti-

---

* Capítulo elaborado para a obra *Inteligência brasileira*, organizada por Reginaldo Moraes, Ricardo Antunes e Vera B. Ferrante. São Paulo, Brasiliense, 1986.

do a sua obra. É essa ligação entre a doutrina e a ação que é específica na obra de Celso Furtado, e que o tornou o fundador da moderna economia política brasileira. É um pensamento voltado para a ação, o que não quer dizer que não tem os méritos do pensamento mais abstrato, não preocupado que suas proposições se transformem em regras de conduta para a sociedade; também os tem. A economia política de Celso Furtado é sobretudo isso, uma proposta para a ação.

Seria desnecessário dizer que antes dele não há nenhuma grande figura que tenha formulado simultaneamente, simbioticamente, uma teoria e uma proposta de economia política. A figura de Caio Prado, que é, por sua vez, o fundador da teoria da história econômica brasileira, sobressai, alimentando inclusive os estudos de Furtado, mas a diferença é que as proposições de Caio Prado, inscrevendo-se numa vertente teórica, o marxismo, evidentemente recusada pelas classes dominantes no Brasil, jamais poderiam ter se transformado em pauta de ação para a burguesia, sendo ao contrário parte da ampla cultura de esquerda que começava a se formar. E, salvo do ponto de vista de sua militância política e de seu papel como articulador do debate intelectual-político também através da *Revista Brasiliense*, Caio Prado Jr. não teve a oportunidade de combinar reflexão teórica e agenda para o Estado e a burguesia.

Essa singularidade, essa conjunção de um pensamento para a ação é, ao mesmo tempo, a força e a fraqueza do pensamento de Furtado. Ela é força porque Furtado teoriza sempre sobre o que lhe é contemporâneo, e, sendo alguém que trabalhou no setor público implementando as teorias que construía/defendia, isso lhe conferiu uma enorme proeminência e uma enorme visibilidade no cenário teórico e político do Brasil. A tal ponto que, passados vinte anos da derrota política de suas teses, de sua escola – a cepalina –, ele continua a ser uma voz que é ouvida, um pensamento que busca meios para transformar-se em ação e, certamente, na nova quadra que se abre no Brasil, voltará a ter influência, se não nos níveis anteriores, posto que o quadro de forças é bastante distinto do de vinte anos atrás, seguramente estará entre os formuladores da política econômica no Brasil.

Como nasce a produção intelectual de Celso Furtado? Ele não pode ser descolado da Cepal, da qual foi um dos mais brilhantes membros no começo dos anos 1950, e é a Cepal que inaugura uma reflexão sobre as economias que começaram a se chamar "subdesenvolvidas"[1], que é, sem ufanismo brasileiro, um aporte teórico original dos latino-americanos à história e ao pensamento das ciências sociais em escala mundial. Furtado foi quem levou essa concepção à forma mais radical, no sentido de explicá-la e de aprofundá-la. Ele é mesmo, dentro desse elenco da escola cepalina, seguramente o mais importante deles. É discípulo de Raúl Prebisch[2], o grande economista argentino fundador da "escola" Cepal, mas a meu ver Furtado é mais aberto, alargando o campo de reflexão para além dos limites em que o economista trabalha.

Em que consiste essa reflexão, essa teorização sobre economias subdesenvolvidas? Ela cria uma alternativa às duas concepções, duas vertentes teóricas e doutrinárias que até então predominavam. A primeira, no campo da economia, a vertente teórica neoclássica e marginalista que domina as ciências econômicas desde o final do século XIX, tendo sofrido apenas uma mudança importante a partir dos anos 1940, com a revolução keynesiana. As teorias neoclássica e marginalista, essa vertente que venceu nas ciências econômicas no momento mesmo em que o capitalismo a partir do século XIX tornou-se o sistema social de produção dominante nos países centrais e dominante também na sua periferia; a partir do momento em que o sistema capitalista de produção tinha finalmente vencido seu grande contendor feudal e as classes operárias não conseguiram desde então, salvo nos países socialistas, inverter o anda-

---

[1] Antes da Cepal, alguns economistas, como Hans Singer e Paul Rosenstein-Rodan, avançaram no estudo de economias "subdesenvolvidas" da Europa Ocidental, sobretudo Espanha, Portugal, Grécia. A Cepal mesma utilizou-se de alguns aportes desses estudos, que entretanto não chegaram a fazer "escola" nem tinham a abrangência da obra da Cepal, nem centraram a atenção da gênese do "subdesenvolvimento" nos mecanismos da divisão internacional do trabalho e do comércio internacional, como o fez a Cepal.

[2] Raúl Prebisch faleceu em abril de 1986. (Nota redigida por ocasião da revisão do texto da conferência, em maio de 1986.)

mento da história. A corrente neoclássica é também um pensamento teórico com raízes e determinações sociais muito precisas, embora se apresente como eterno. Depois da sua vitória, durante sua longa hegemonia, ficou um pensamento a-histórico, que não tem data, não tem temporalidade, não tem especificidade espacial: por isso os economistas, no Brasil como nos Estados Unidos, usam os mesmos instrumentos e supõem que estes tratam da mesma realidade. Esse pensamento a-histórico não podia dar conta de histórias específicas que se formaram evidentemente dentro do capitalismo, mas que nem por isso deixam de guardar sua especificidade.

Do outro lado havia o campo teórico marxista, muito mais rico, muito mais capaz de apreender a realidade e a partir dela criar ou recriar os conceitos, mas que infelizmente também naufragou do ponto de vista da interpretação do que era específico na periferia do sistema capitalista. Depois de Lenin, com *O desenvolvimento do capitalismo na Rússia**, que na verdade rigorosamente é a primeira obra teórica que tenta entender a formação de uma periferia no sistema capitalista, um livro bastante conhecido, mas geralmente mal lido, o marxismo empobreceu, pelo menos do ponto de vista de encarar o desafio de uma reflexão sobre a especificidade das economias subdesenvolvidas. No banho stalinista, o marxismo transformou-se numa espécie de teleologia, e os países subdesenvolvidos ou atrasados – nunca chamados subdesenvolvidos – são apenas uma etapa para chegar a ser desenvolvidos. *Grosso modo*, essa era a postulação dentro do campo teórico marxista, algo assim como a criança que é apenas um caminho para a produção do adulto, que a psicologia felizmente já rejeitou há muito.

É dentro desse vazio teórico, das duas correntes principais, não só na economia, mas na interpretação geral do mundo, que o pensamento da Cepal emerge. Seu próprio campo teórico é muito eclético, e se constitui tomando empréstimos de vários campos teóricos, tanto do neoclassicismo quanto sobretudo do keynesianismo e mesmo do marxismo, mas os empréstimos são redefinidos em uma nova globalidade, que é inteiramente original. O pressuposto é que o subdesenvolvimento não é apenas uma etapa de um processo linear e evolucionista de cresci-

---

* Op. cit.

mento pelo qual passarão as economias subdesenvolvidas até chegarem a ser economias capitalistas desenvolvidas. Isto que é tão simples de afirmar é em si mesmo uma inovação teórica radical: o subdesenvolvimento é uma produção histórica do capitalismo, uma espécie de "ovo de Colombo", tão óbvio para nós hoje.

O pensamento de Furtado, nessa linha teórica, vai articular de novo economia e história, vai escapar da asséptica teoria neoclássica, para quem a história não conta absolutamente nada. Seu primeiro passo é recuperar a história, retornando à economia política, e negando tanto as economias subdesenvolvidas como criações a partir de suas próprias forças quanto serem apenas uma etapa do desenvolvimento. É a partir da história que se verifica que as economias subdesenvolvidas não eram uma etapa, mas um produto específico do sistema capitalista, desde a sua formação, isto é, desde a expansão mercantilista da Europa em direção às colônias. E apesar de essas economias, de forma geral, estarem insertas no processo internacional e, portanto, delas poder-se dizer que são também economias capitalistas, constituem uma diferença no interior do capitalismo. Esta forma simples de enunciar é um enorme avanço teórico, posto que recuperar as diferenças é mais importante que assinalar as semelhanças. Essa marcação de uma diferença dentro do mesmo campo capitalista entre economias que têm graus diferentes de desenvolvimento, por processos e percursos diversos, pedia urgentemente um aparato teórico que tratasse essa diferença. Esta é outra grande contribuição à história do pensamento social mundial, estabelecer um modo próprio de nascimento, de gênese e de desenvolvimento dessas economias nascidas na periferia do sistema capitalista. Celso Furtado é um autor bastante eclético, lançando mão de vários esquemas teóricos parciais para construir essa nova identidade real, histórica, construir um novo sujeito histórico nacional.

Essa é a gênese do chamado pensamento cepalino e de Furtado, sendo evidente também que é preciso estabelecer a determinação social desse pensamento, estabelecer quais são as âncoras do real que possibilitaram a formação dessa teoria. Por que nasce a teoria do subdesenvolvimento, quais são as condições sociais precisas que dão capacidade, possibilidade a que essa teoria nasça e se afirme? Provavelmente, antes dos anos 1950 essa teorização dificilmente encontraria eco, encontraria auditório, encontraria respaldo social. O subdesenvolvimento se dava em nações politicamente independentes, pelo que elas não poderiam – nem eram real e teoricamente – ser tratadas como colônias, que haviam se constituído como uma extensão da expansão mercantilista do capitalismo europeu. Nações que em determinado momento da história haviam ganho sua independência política, e, embora um certo marxismo vulgar tenha reduzido as nações politicamente independentes ao mesmo estatuto das colônias, o pensamento da Cepal deu-se conta disso, dando lições ao próprio marxismo: a independência política não se passa sem modificações no estatuto da economia, sem modificações no seu comportamento; em termos marxistas, como pensar modificações tão importantes na superestrutura sem modificações na infra-estrutura? Do ponto de vista do método, isto é extremamente importante: ao contrário da vertente neoclássica, que aplica curvas de indiferença entre os bantus da África e os habitantes de Nova York como se fossem o mesmo sujeito-objeto teórico; ao contrário também da vertente empobrecedora do marxismo, que dizia que sob a independência política os países continuavam sendo colônias, numa visão estanque, como se entre as independências, a política e a econômica, as coisas tivessem se passado sem se realimentarem, sem redefinirem o campo do real e o campo do teórico.

A teoria do subdesenvolvimento ganha foros de legitimidade devido ao grande movimento de descolonização no segundo pós-guerra, colocando problemas novos, questões de que a teorização neoclássica e a teorização das colônias não podiam dar conta. É nesse momento histórico que a teorização cepalina ganha a possibilidade de responder a esse desafio posto pela descolonização, o que é paradoxal, posto que a teorização cepalina se refere sobretudo a economias e sociedades que já eram politicamente independentes havia mais de cem anos. De qualquer forma, é importante anotar, é nesse contexto que nasce a teoria do subdesenvolvimento. Outro ponto para buscar essa determinação social da teoria é que ela vai nascer, em termos latino-americanos, precisamente quando as principais economias – Brasil, México, Chile, Argentina,

Uruguai, Venezuela, Colômbia – se defrontavam com a nova divisão internacional do trabalho que se gestou após a crise dos anos 1930 e após a Segunda Guerra Mundial. Tinham sido economias que haviam resistido de forma diferente às crises dos anos 1930, enquanto outras, como as da América Central e do Caribe, permaneceram atadas aos esquemas pretéritos; e por isso seus processos de transformação tardia a que assistimos hoje não lhes abrem mais o passo a soluções dentro do sistema capitalista, mas o ultrapassam, e Cuba é o primeiro caso, Nicarágua é o segundo, e provavelmente os demais países da América Central se encaminhem para o mesmo tipo.

A teoria do subdesenvolvimento vai nascer como um desafio dessas economias que haviam resistido de forma diferente à crise dos anos 1930. Em outras palavras, elas tinham procurado se industrializar, sair da crise do período não voltando ou permanecendo na velha divisão internacional do trabalho – por um lado, produtores de matérias-primas, ou subdesenvolvidos, por outro, produtores de manufaturas, ou desenvolvidos –, mas avançando no sentido da industrialização; esta é a segunda determinação social precisa do nascimento da teoria do subdesenvolvimento.

Dizendo de outra forma, o nascimento, a gênese da teoria do subdesenvolvimento responde também a certas determinações que advêm de interesses que estão sendo postos, ou seja, ela é uma teoria socialmente determinada. Como é que Celso Furtado ou Prebisch mentalizaram esse processo objetivo, não sabemos, e não vamos acreditar no psicologismo vulgar de que Furtado nasceu na Paraíba, portanto esteve sempre de cara e em contato com o subdesenvolvimento, como ele mesmo o disse. Não é assim que as coisas se passam. Há determinações sociais que criam a possibilidade de uma teoria ser efetiva e ganhar respaldo: a de Marx, que é uma das mais brilhantes construções teóricas nas ciências sociais, por mais que o seja, não tem o menor respaldo entre as classes dominantes. De que advêm essa força e o fato de que faz eco e torna-se "pauta para a ação"? Por que a grande força da teorização cepalina e da obra de Furtado? Possivelmente advenham do fato de que essas economias estavam se industrializando adversamente à divisão internacional do trabalho vigente. Esse embate de forças requeria uma explicação teórica.

Quando Furtado reconstrói a história brasileira, por exemplo, ele encontra uma espécie de política keynesiana *avant la lettre* nos anos 1930 no Brasil. A obra mais importante de Keynes é de 1936, *A teoria geral do emprego, do juro e da moeda**, e só começou a ser conhecida no pós-guerra. Vargas nos anos 1930 fez rigorosamente aquilo que depois ia ser chamado uma política keynesiana anticíclica. Para não pensarmos que houve uma espécie de inversão, à maneira da grafologia espírita, que Furtado e os cepalinos copiaram aquilo que Keynes ainda não havia escrito, é preciso pensar nas determinações sociais que fazem possível o nascimento de uma teoria daquele tipo. Eram interesses bastante concretos, lutando por escapar à camisa-de-força da divisão internacional do trabalho: o Brasil queima café em 1932-1933 para sustentar preços e rendas, procedimento tipicamente keynesiano, irão dizer depois os manuais de história. Porque havia classes sociais aqui, interesses econômicos lutando por não se submeterem à crise dos anos 1930. Disso decorre a força da teoria cepalina, e o fato de ela se converter realmente numa ideologia das classes sociais dominantes, cujo problema real era aquilo que a teoria cepalina vinha tentando explicar, de como sair da camisa-de-força da divisão internacional do trabalho dos anos anteriores a 1930, industrializar, expandir-se. Os homens agem, apesar de às vezes não saberem por que agem, parafraseando Marx.

Ao se converter numa ideologia, numa pauta de ação, a teoria cepalina-furtadiana se desnuda, abrindo os flancos para sua contestação. É seu lado fraco, em pleno apogeu. Faço um parêntese para dizer, desde logo, que não pratico a redução simplista de que Furtado estava a serviço das classes dominantes, redução vulgar muito freqüente e que empobrece a história das relações entre ciência, sociedade e personalidades. Aliás, se valem os depoimentos pessoais, devo dizer, por ter trabalhado com ele durante cinco anos, que é um dos homens públicos brasileiros mais independentes dos poderes econômicos. Entretanto, realmente sua teoria e a da Cepal

---

* John Mayanard Keynes. *The General Theory of Employment, Interest and Money*. Nova York, Harcourt, Brace, 1935. [Edição brasileira: tradução de Mario Ribeiro da Cruz. São Paulo, Atlas, 1992.]

converteram-se numa arma ideológica poderosa a serviço da nova burguesia industrial emergente no Brasil e em outros países da América Latina. Ela vai fundamentar teoricamente aquelas tentativas de erro e acerto, de sair da camisa-de-força, de industrializar-se contra a vontade dos países mais industrializados, e nem de longe as chamadas empresas multinacionais tinham a perspectiva furtadiano-cepalina, buscando localizar-se no Brasil. Tratava-se de uma luta de interesses em escala internacional, e a teoria da Cepal vem dizer "vocês estão certos, é por aí mesmo", e estruturou um arcabouço teórico que se transformou numa arma ideológica importante, que pautou a ação de cada governo latino-americano, liberal, conservador ou progressista; todos fizeram a mesma coisa.

E sendo assim, se não estamos aqui para fazer exercícios ingênuos, nem colocar nos altares os "santos cepalinos" antes que a Santa Madre Igreja o faça, é evidente que essa ideologia recobria também, como é próprio de toda ideologia, antagonismos de classe e de interesses que, ou não interessava explicitar, ou ficavam submergidos no interesse maior, mais global, que era o do desenvolvimento econômico. Em outras palavras, interesses de camponeses, de trabalhadores e de operários, dentro da construção ideológica, da construção teórica cepalina e de Furtado, não encontram lugar. Ela não está feita para sustentar esse tipo de proposição, nem seus pressupostos teóricos acolhem os conflitos sociais; e, sendo uma teorização para a ação, ela opera a submissão dos interesses de outras classes sociais aos interesses maiores das classes sociais predominantes. Não aparece na produção teórica de Furtado nem da Cepal; como problemas do crescimento econômico, nenhum dos antagonismos sociais de que qualquer formação social, não escapando disto as da América Latina, é constituída. E é assim que ela se faz forte e se faz fraca, exatamente porque uma teoria desse porte, realmente original, uma contribuição inovadora do pensamento latino-americano, tem entretanto fragilidades teóricas do tipo assinalado. Puxando para o Brasil, o programa de metas do governo Juscelino Kubitschek na metade dos anos 1950 é decalcado, quase por inteiro, de um trabalho que o próprio Furtado havia feito para a Cepal e o então BNDE. O plano de metas, com os erros e acertos que a história já registrou, torna mais claro que o desenvolvimento econômico logrado exacerbou o conflito social em todas as dimensões, desde o antagonismo proletariado-burguesia até os conflitos urbanos, agrários, interburgueses, que a teoria furtadiano-cepalina amalgamava sob o rótulo dos "interesses nacionais".

Furtado ganha proeminência no conjunto dos pensadores sociais brasileiros por juntar teoria e prática, doutrina e proposição; por outro lado, sua teorização era contemporânea dos processos que teorizava, realimentando-se, calibrando-se por eles. E não porque ele pessoalmente fosse um servo da classe dominante – uma injustiça desleal que lhe poderia ser imputada – mas porque ocorre precisamente no momento em que frações da classe dominante estão em conflito com os capitais estrangeiros, ele transformou-se numa espécie de "criador" do Brasil, de suas mãos nascendo o pensamento sobre o Brasil moderno, o que é uma enorme responsabilidade. Se não tivesse a cabeça tão boa quanto sei que tem, ele já estaria no hospício há muito tempo, dando uma de Napoleão. Todo mundo que pensou o Brasil depois de Furtado pensou-o à sua maneira: ainda hoje, vinte anos depois do golpe de 1964, vinte anos depois da provisória derrota do populismo, vê-se na discussão sobre a economia brasileira – que é radicalmente diferente da economia brasileira dos anos 1960 – os postulados cepalinos e furtadianos orientando de novo o debate. Pensa-se em autonomia nacional, pensa-se em defesa do mercado para proteger a indústria da informática, pensa-se em política industrial no sentido de tornar o país auto-suficiente, mesmo na discussão da dívida externa, que é colocada sempre como se fossem os banqueiros internacionais contra o Brasil, é a visão nacionalista dos anos 1950 que preside o debate. É a rigor um debate regido por fantasmas; posto que as condições sociais que presidiram a gênese da teoria furtadiano-cepalina não mais existem.

A dívida externa, por exemplo, deveria ser tratada com outra abordagem, posto que a discussão esconde que um país que tem 100 bilhões de dólares de dívida não é mais devedor, senão que é sócio do sistema capitalista internacional. Essa teorização que tem data marcada, do ponto de vista de sua gênese social, de sua prevalência enquanto pauta de ação, enquanto agenda de ação para governo e classes sociais, ela é válida para os anos entre 1945 e 1964, quando se recusa à morte na crise dos anos 1930, e a industrialização será o novo motor da divisão social do trabalho; e é uma específica classe social, no caso a burguesia industrial brasileira, que toma as rédeas da política econômica, que vai influir poderosamente na implantação da política econômica, o que é radicalmente diferente de hoje. A Cepal sempre trabalhou, posto que esse era o problema nos anos pós-guerra, no suposto de um comportamento adverso das economias capitalistas mais desenvolvidas em relação às chamadas economias subdesenvolvidas, dando alma ao corpo do nacionalismo dos anos 1950. A industrialização de qualquer país da América Latina, e do Brasil inclusive, sempre apareceu aos olhos dessa teorização como algo que contrariava as leis da divisão internacional do trabalho e contrariava o comportamento dos agentes econômicos das classes sociais, em escala internacional. Hoje, evidentemente, não é mais assim, a burguesia brasileira é associada ao capital internacional, sem esquecer que isso coloca novas contradições, com novos signos e significados. O próprio capital internacional, a partir do Plano de Metas de Juscelino e sobretudo depois de 1964, não vê mais a expansão de uma economia como a brasileira como algo que lhe é adverso, senão que aproveita a política econômica implementada para localizar-se aqui também, como é bem o caso das multinacionais.

No final dos anos 1950, Furtado é feito superintendente de uma agência especial para o desenvolvimento do Nordeste, e disso sai uma espécie de subideologia nacional, que é a preocupação com o Nordeste, e o modelo de resolução do subdesenvolvimento específico dessa região, no contexto do subdesenvolvimento brasileiro, é claramente cepalino. Na Sudene, ele produz uma teoria do Nordeste. É preciso entender que essa personificação em Furtado constitui um problema na teoria das ciências, posto que o problema da região é o surgimento de um processo de transformação de sua economia, integrando-se à economia já transformada pelos efeitos do que a Cepal teorizou. É toda uma conjunção de forças sociais que vai negar o predomínio das antigas oligarquias fundiárias do Nordeste, resolvendo a questão do atraso regional, mais uma vez, por aquele caminho que a Cepal já havia apontado para os países latino-americanos: pela industrialização. E Furtado transforma-se por sua vez no "demiurgo" do Nordeste: todos pensam a questão até hoje posta nos mesmos termos em que ele a colocou no final dos anos 1950.

O que vem depois pertence à história, isto é, se o projeto de desenvolvimento do Nordeste seguiu as pautas do pensamento furtadiano ou não. Assinalando algumas diferenças, principalmente o fato do golpe de 1964, a verdade é que o regime autoritário leva ao exagero as proposições da Sudene em 1959; as diferenças são importantes, para não se pensar que tanto vale uma democracia quanto uma ditadura para o desenvolvimento da economia. Entretanto, é possível dizer que, em geral, o programa de integração do Nordeste seguiu as pautas das proposições originais, à frente das quais estava Furtado. De novo aqui as enormes lacunas teóricas da teorização furtadiano-cepalina comparecem. Em primeiro lugar, o encobrimento dos antagonismos sociais: o desenvolvimento não é pensado como um processo de luta social, de luta de classes, como um processo conflitivo. Ao contrário, é pensado em termos exclusivos dos interesses proeminentes em escala nacional. Essa falha teórica vai cobrar pesados juros, não tão pesados quanto os da dívida externa, mas bastante pesados do ponto de vista teórico e social.

Hoje nos surpreendemos com a enorme desigualdade social no Brasil, com a enorme concentração de renda. Tudo isso nos aparece hoje como se fossem "perversões" do crescimento, atribuídas exclusivamente ao regime autoritário e às multinacionais – o que não os absolve, desde logo, de parcela da responsabilidade. Mas é preciso reconhecer que, na matriz teórica da forma de pensar o Brasil e o Nordeste, esses problemas já estavam lá. Não é que a economia se desenvolveu segundo a teoria, cobrança equivocada que geralmente se faz, e se faz até em nível mais alto, pois a crítica mais vulgar da direita é que é a obra de Marx a responsável pelo que ocorre na União Soviética. Para não fazer essa cobrança, bastante banal, de que o culpado é Furtado ou a Cepal, é preciso reconhecer, tanto no que concerne aos problemas da pesquisa científica quanto no que tem que ver com a luta política, que a ideologia decorrente da teorização cepalino-furtadiana encobria o aspecto contraditório de qualquer desenvolvimento capitalista; há, como disse Bourdieu, um "efeito-teoria" sobre as lutas sociais.

Na reflexão e pauta para o desenvolvimento do Nordeste, Furtado, que é um tipo extremamente sofisticado, raramente deixando o rabo fora da toca para a gente puxá-lo – mas dá pra puxar, o bicho é esperto, mas o caçador às vezes é mais –, dizia precisamente que um dos grandes riscos do atraso do Nordeste transformava-se em imperativo da segurança nacional, posto que os trabalhadores do Centro-Sul não conseguiam aumentar sua parte na distribuição da renda nacional ou nos ganhos de produtividade da indústria que crescia aceleradamente em São Paulo porque os migrantes nordestinos rebaixavam o salário real. Isto está escrito e mostra como a questão contraditória das classes sociais em qualquer processo de expansão capitalista era colocada de maneira falsa ou pelo menos equívoca. Furtado aqui também foi original, inventou "luta de classes entre trabalhadores", mas o que verbalmente é uma brincadeira denuncia insuficiências teóricas da produção cepalino-furtadiana. Portanto, algo do que ocorreu nas economias brasileira e nordestina, se vistas de outro campo teórico, não seria tão surpreendente assim. Os germes de certos problemas agudos que a economia e a sociedade brasileira enfrentam hoje estavam, de certo modo, nas postulações teoricamente equivocadas essenciais de Furtado e da Cepal. Evidentemente, não foram os propositores de política econômica os autores disso, foi a relação entre as classes sociais em luta, o poder de uma grande burguesia associada ao grande capital internacional, de um lado, e, de outro, a falta de poder das classes trabalhadoras em geral e do operariado industrial. Mas as lacunas teóricas existentes nas proposições, sobretudo do autor de que se está tratando, tiveram aquele "efeito-teoria" de que fala Bourdieu – como sempre, e como é comum entre acadêmicos e homens públicos, eles jamais dão a mão à palmatória. Mas Furtado vai se dar conta de alguns equívocos quando passar a criticar a política econômica pós-1964: na sua formulação anterior, sobretudo em *Teoria e política do desenvolvimento econômico*, seu livro teórico mais consistente, ele usava o multiplicador keynesiano de emprego para afirmar que, através desse efeito, aumentaria o emprego, e a distribuição da renda tenderia a melhorar. Em período subseqüente Furtado se dá conta de que a economia está entrando em estagnação, e ele usa o mesmo conceito que é o multiplicador keynesiano de emprego para explicar a estagnação, pois inversões sofisticadas e intensivas em capital impediriam a criação de novos empregos à altura do crescimento da população economicamente ativa e da força de trabalho à disposição, por esse lado aparecendo a concentração da renda.

Mesmo sua "particular" revisão apontava de novo para suas insuficiências teóricas: a previsão de estagnação é feita em 1967, um ano antes de a economia entrar em novo desenvolvimento acelerado, chamado o "milagre brasileiro". À base teórica cepalino-furtadiana faltou sempre uma teoria da acumulação, que não pode ser confundida com a formação de capital, e o período pós-autoritário gestou formas de acumulação, como o confisco salarial, que na matriz keynesiana, fonte de muitos "empréstimos" da Cepal, apenas se expressa numa queda da demanda dos consumidores. Esse esquema não percebe que, mesmo em condições de não-crescimento do emprego, o processo de acumulação podia se dar, posto que esta não ocorre pela criação de empregos, mas pela extração de um excedente econômico retirado da força de trabalho. Esse conceito teórico é suficiente para dar conta de certos impasses a que a teoria de Furtado e da Cepal chegaram, não percebendo que, mesmo no interior de sua formulação, quando há crescimento do emprego, não necessariamente a renda tende a se redistribuir se o mecanismo básico de sua formação é a extração de mais-valia, ou, em outras palavras, que a economia está aumentando mais a exploração do trabalho do que a remuneração deste, coisa que em qualquer economia se dá e sempre se deu, historicamente comprovado.

Apesar disso tudo, é inegável que a construção teórica da Cepal – e, de modo especial, a de Celso Furtado – é a mais original e a mais rica contribuição em ciências sociais que se produziu na América Latina e sobretudo no Brasil. Ela não deve ser desprezada mesmo se incorreu em tantos equívocos e mesmo que tenha encoberto conflitos de grande ponderação no que se chama o "desenvolvimento"; sua prova histórica é que chegou a ser um instrumento de luta social, o que poucas teorias podem se creditar; sua prova teórica é que abriu novas pistas para a própria pesquisa. A obra da Cepal e de Celso Furtado continua sendo um enorme desafio teórico, cheia de lacunas, cheia de inconsistências. Não se eleva ao mesmo nível de abstração e de rigor paradigmático, tal como a teoria marxista e mesmo a teoria neoclássica; sua universalidade é menos abrangente, sem dúvida, mas ela permanece como uma das construções mais originais do pensamento econômico da segunda metade do século XX. Há que ressaltar que os trabalhos de Celso Furtado e os da Cepal vêm dar conta e colocar de pé com rigor inusitado a chamada "questão nacional". Pois há uma questão nacional no interior da divisão internacional do trabalho, que constitui ainda um desafio teórico-prático. O que quer dizer uma nação no sistema capitalista internacional, do ponto de vista de sua autonomia, do ponto de vista de políticas autônomas, questão que se coloca agora com todo o rigor e com toda a força? O que quer dizer uma economia nacional, ou será que isto é um conceito e uma realidade já ultrapassados?

Finalmente, o pensamento furtadiano-cepalino não devia estar apenas, como hoje, em cursos de história econômica, como algo que já foi e que se estuda como um movimento do passado, senão que pela sua prevalência, pela força e pelo arraigamento que encontrou na luta social ele deve ser encarado como um desafio teórico e prático de primeira grandeza. Eu não sei de faculdades de economia e mesmo de ciências sociais que levem a sério um curso sobre a teoria do subdesenvolvimento. Depois do ano de 1964 a praga dos Ph.D. de Chicago se implantou no Brasil, sob a égide do ministro Delfim Netto, e nos currículos das escolas de economia não existe um curso de teoria do subdesenvolvimento. Ao subdesenvolvimento somente se recorre quando não se sabe explicar por outras vias; quando se diz que o Brasil está frente à pressão dos banqueiros internacionais, então se recorre às "economias subdesenvolvidas" e a ladainha se repete, tal como a Santa Madre Igreja mandava recitá-la décadas atrás, e não surtia nenhum efeito. É preciso levar a sério, e as faculdades de economia no Brasil deveriam ter cursos de teoria do subdesenvolvimento, não como explicação *ad hoc*, uma explicação que se dá quando nos falta a explicação central. Para testá-la como um paradigma científico nas ciências sociais, verificar sua validade, verificar as leis de sua gênese social, a que fenômenos históricos esteve ligada, e se responde ainda a interesses reais, sociais, concretos. Qualquer campo teórico-científico produz uma certa visão de mundo que se incorpora ao nosso modo de ser, como a física, em todo seu desenvolvimento, de Aristóteles a Galileu, deste a Newton, passando por Einstein, e agora com a física quântica, moldou nossa visão cósmica. Mas no caso das ciências sociais esta visão de mundo que toma corpo e que se transforma numa ideologia é muito mais cotidiana, porque ela atua mais do que qualquer visão cósmica, atua no cotidiano da luta de classes e das classes sociais. É por isso que não se pode tomar o pensamento cepalino-furtadiano como uma coisa já vista e como algo que deve figurar no museu da história da teoria econômica.

RETRATO DE FAMÍLIA*

Retrato da família, feito nos idos dos 1950.

A imagem já não é a mesma, mas os traços de família estão lá. Do retrato de 1959, o que permanece, além desses queixos quadrados, desses perfis dir-se-ia talhados à foice, à imagem e semelhança de seu demiurgo?

Tomados ao pé da letra, poucos textos parecem tão exitosos. Como no programa de dez pontos de Lenin para a fase do socialismo, que algumas décadas depois parecia haverem sido alcançados e mesmo ultrapassados nos grandes países capitalistas desenvolvidos, no caso do documento do GTDN (Grupo de Trabalho do Desenvolvimento do Nordeste), três décadas teriam sido suficientes para cumprir o programa quase quimérico – visionário, disse Assis Chateaubriand em solenidade no Recife de 1959 – de Celso Furtado.

A industrialização se fez, sem sombra de dúvidas. Uma verdejante Nova Califórnia exporta sol em mangas, uvas e melões das margens outrora inóspitas, visitadas pelas carrancas escalavradas na proa dos barcos, quem sabe para meterem medo à seca que chegava, desaforada,

---

* Apresentação à obra *O GTDN: da proposta à realidade* – ensaios sobre a questão regional. Editora da Universidade Federal de Pernambuco, 1994.

ao Velho Chico, tão cheio de água e de graça. Não por acaso, do recôncavo baiano saem o tropicalismo dos magos de Santo Amaro da Purificação, etenos e benzenos da Copene, e o sincrético Antonio Carlos Magalhães, devoção, deboche e autoritarismo. O Maranhão, um Nordeste conquistado, refúgio contra a seca e saída para os excedentes populacionais do velho Nordeste Oriental – um malthusianismo sutil que na verdade ocultava a ausência de um programa de reforma agrária – e centro de um refulgente desenvolvimento liderado pela Vale do Rio Doce. Mas Sarney, "el bigote que no gobiernó", réplica do caciquismo de Vitorino Freire, a quem jurou eliminar da face da terra, pelo menos do Maranhão, parece encarnar a ironia de uma história que, quanto mais muda, mais parece retornar.

Por isso, tão poucos textos parecem também derrotados, roteiro de uma crônica de eterno retorno. Velhas raposas oligárquicas metamorfoseadas em um clã com duvidoso sobrenome inglês (Sir Ney?), corruptela do equívoco da fusão da subalternidade cabocla com senhorio inglês, novos "impolutos" políticos cearenses que buscam fazer, três séculos depois, um partido "*à la* Locke", dinâmicos empreiteiros baianos com sobrenome alemão que freqüentam todas as listas da corrupção nacional, barões ladrões da açucarocracia computadorizados com cara de bandido mexicano, amaneirados como seus ancestrais que, à mesa, não se enganavam sobre o copo apropriado para vinho e o adequado para água, cantando cânticos que seduzem supostos socialdemocratas sem operários por trás. A seca, de novo, legiões que lembram "morrer de fome na terra de Canaã" da lavra do radical Zé Américo de Almeida, totemizado por uma das piores classes dominantes de todos os tempos, na sua Paraíba "masculina, mulher macho, sim sinhô". E novas legiões de "informais" – o termo não engana, quer dizer *sem forma* – atrapalhando o trânsito no Recife dos "rios cortados de pontes" por onde passava Dora de Caymmi.

Mas esse retrato pede retoques. Pois as legiões das secas agora têm um programa para as frentes de trabalho, que devem chamar-se frentes de produção. Pois os sem-forma ganham formas através de suas próprias organizações. Pois dos etenos e benzenos brota uma nova classe social, que se junta aos outros que, no ABCD paulista, civilizam sua própria classe dominante. Pois nas ruas e pontes, sobre os rios por onde passava Dora, bancários e mensageiros são os mesmos que trafegam pelo largo do Café em São Paulo, e enfrentam casacudos banqueiros, assessorados agora por dândis economistas que se fazem graves à medida que se tornam burros.

Esse livro de Celso Furtado é um clássico. Com a datação de seu tempo, ele é a certidão de nascimento de um tempo inovador, verdadeira caixa de Pandora de um turbulento processo cujos tremores repercutem até hoje. Cuja decifração não lhe cabe, mas compete aos homens, saídos desse caldeirão do qual foi apenas anúncio. Mas que anúncio! Feito, tomando empréstimo a Claudel – como todos os outros empréstimos deste texto –, a todas as Marias do Nordeste. Que são também Marias do Brasil.

VIAGEM AO OLHO DO FURACÃO
Celso Furtado e o desafio do
*pensamento autoritário brasileiro**

Introdução

O lugar do Estado na obra de Furtado constitui, sem favor, uma das *clés de voûte* de sua vasta e importante obra. A partir de sua *chef-d'oeuvre*, *Formação econômica do Brasil*, sua interpretação do papel do Estado a partir dos anos 1930 – na verdade já contida, em linhas essenciais, em sua obra de estréia, *A economia brasileira*, publicada em 1954 – tornou-se a referência principal para pensar a economia e a sociedade brasileiras. A intervenção do Estado em moldes "keynesianos" tornou-se paradigmática. De fato, quase se pode falar de uma releitura keynesiana da história brasileira.

Essa interpretação tornou-se hegemônica, influindo na ação estratégica de curto, médio e longo prazos, formando os quadros da burocracia estatal, influindo na formação acadêmica, moldando a ideologia do de-

---

* Preparado para o Colóquio Internacional "Le développement, qu'est-ce? L'apport de Celso Furtado" (Paris, 27-28 de fevereiro de 1997), organizado pelo Centre de Recherche sur le Brésil Contemporain, sob os auspícios da Maison des Sciences de L' Homme, da Université Pierre Mendès-France de Grenoble, do Ismea e da Unesco.

60 Francisco de Oliveira

senvolvimento que se firmou no país pelo menos durante o período populista. As orientações políticas tomaram a ideologia do desenvolvimento como sua estrela polar; mesmo a esquerda, de início hostil e renitente, acabou por render-se ao encanto do esquema furtadiano, uma vez que, de um lado, ele permitia acolher os velhos cavalos de batalha do antiimperialismo e, de outro, a teorização de Furtado sobre o papel do mercado interno ajudou a dar plausibilidade ao rol que o Partido Comunista do Brasil, depois Brasileiro, desejava para a burguesia nacional, como vanguarda de um desenvolvimento autônomo. Não se está transformando Furtado no demiurgo da nação, mas em seu principal ideólogo durante o período do populismo. Ele racionalizou e ofereceu uma explicação científica para movimentos que já se haviam passado – como a famosa queima de café por Vargas nos anos 1930 para sustentar os preços do café, que acabou surtindo o efeito de sustentação da renda dos produtores, o keynesianismo antes de Keynes –, assim como projetou os anseios, desejos e projetos da expansão burguesa como um projeto nacional. O plano de metas de Juscelino Kubitschek, executado quase que inteiramente no seu mandato entre 1956 e 1960, foi inteiramente calcado nos trabalhos do grupo misto BNDE-Cepal, dirigido por Furtado, no Rio de Janeiro, de 1952 a 1954, que lhe forneceu, inclusive, os materiais para a reflexão geral contida na sua obra de estréia, já citada.

Surpreendentemente, Furtado não dialoga com os "novos clássicos" da modernidade, a geração que justamente veio à luz na década de 1930: Gilberto Freyre, Sérgio Buarque de Holanda e Caio Prado Jr. Suas obras já estavam disponíveis havia muito tempo, já eram consagradas, e todas elas têm muito que ver com os temas trabalhados por Furtado. Gilberto já trata da "colônia de produção", citando Leroy Beaulieu, para falar da produção de cana-de-açúcar; quanto a Caio, creio que a dívida de Celso para com ele é muito grande, e a inexistência de citações de sua obra em *Formação econômica do Brasil* pode ser considerada simplesmente imperdoável. Mesmo porque Furtado cita Roberto Simonsen abundantemente, e sabe-se das relações entre as equipes que trabalhavam para Simonsen e Caio Prado Jr. Heitor Ferreira Lima, por exemplo, que era um pesquisador exemplar, e integrante da equipe de Simonsen, foi durante muito tempo um dos membros importantes da *Revista Brasiliense*, animada por Caio Prado Jr. Sérgio Buarque provavelmente foi o que tratou, modernamente, dos temas mais próximos aos de Furtado, em *Raízes do Brasil**. Mas convém não exagerar: de fato, a temática básica dos "três grandes demiurgos" (foi Antonio Candido quem os nomeou assim, até onde sei, montando uma espécie de hierarquização da iluminação sobre a descoberta da sociedade brasileira e o *tournant* das ciências sociais no Brasil) é a formação da sociedade brasileira, e eles trabalham muito pouco o tema do Estado.

Não está claro o porquê da ausência de diálogo de Furtado com os "novos clássicos" brasileiros, e não se pode apostar na hipótese de que Furtado os desconhecia. Fica mais fácil entender, para além desse desencontro, por que os "novos clássicos" não respondem às questões propostas pelo pensamento conservador/autoritário.

Quanto a Gilberto Freyre, o primeiro a aparecer com uma obra radicalmente inovadora e ousada em método, em construção teórica, e a revelar as "intimidades" de uma parte importante da dominação no Brasil colonial, ele desloca, justamente, o eixo da investigação para a sociedade, para a "economia patriarcal". Além disso, o que não é sem importância, ele escreve depois da experiência da Revolução de 1930, que depõe o grupo oligarca ao qual era ligado no governo do estado de Pernambuco: Freyre, então, era um jovem oficial de gabinete do próprio governador, um eminente homem de uma velha cepa açucarocrática (obrigado, Evaldo Cabral de Mello) local.

Caio Prado Jr., que inaugura os estudos orientados por uma perspectiva marxista numa cultura cujo marxismo equivalia a zero – embora o movimento operário fosse muito vigoroso —, também se orienta por colocar o eixo do processo de produção e reprodução da sociedade brasileira no interior dos processos de expansão do capitalismo mercantil. Sem desprezar o papel do Estado, mas sem atribuir-lhe, no Brasil, maior destaque, pelo menos desde a Independência. Para Caio, a ação dos Es-

---

* Op. cit.

tados colonialistas e imperialistas é bastante visível e decisiva na história brasileira, mas a ação do Estado brasileiro propriamente dito é sem maior significação. Além disso, uma parte importante da tradição marxista tratava o Estado de forma reducionista, numa das tantas pistas do próprio Marx, nesse caso a do "comitê executivo da burguesia".

O caso de Sérgio Buarque de Holanda é igualmente complexo. Em *Raízes do Brasil,* que o converte num dos "demiurgos", a opção claramente weberiana – com as melhores conseqüências para as ciências sociais no Brasil – oferece uma alternativa tanto para a perspectiva culturalista de Gilberto quanto para a marxista de Caio. Preocupado com os "tipos ideais" da herança ibérica – com o que poderia, à primeira vista, aparentar-se com os clássicos autoritários –, sua possível resposta a eles se daria pela proposta de "descordialização" do Brasil, isto é, uma proposição de espaço público, bem nas pistas de Weber, antecipando debates que vão ocorrer no Brasil apenas a partir dos anos 1970; mas não se trata, propriamente, da questão do Estado.

O ponto de vista que se desenvolverá neste ensaio é o de que o diálogo que Celso Furtado trava intelectualmente, para construir sua interpretação do Estado na economia e na sociedade brasileiras, é com o pensamento de direita brasileiro que dominou o cenário intelectual até o final da década de 1930, isto é, com os chamados autores do pensamento autoritário brasileiro, sobretudo, para os fins deste ensaio, com Alberto Torres e Oliveira Vianna.

Esse ponto de vista é sustentado por diversas razões. A primeira delas é que a direita intelectual contemporânea de Furtado não *fungió* – permitam-me o castelhanismo, mais expressivo que é – como interlocutora sobre o tema do Estado, porque ela não dispunha de uma *interpretação* do Brasil, entendendo-se como tal um conjunto formado por uma apreciação da formação da sociedade, seu caráter e a relação dessa formação com as instituições, com a política e com a formação do Estado.

A direita intelectual contemporânea de Furtado, sobretudo a formada pelos economistas conservadores, nunca dispôs de uma interpretação do Brasil. Dispunham eles apenas de manuais; assim, o papa deles, Eugênio Gudin, achava que tudo que se fazia era errado porque não se obedecia aos padrões dos manuais de teoria econômica, entre os quais os dele próprio. É verdade que sempre pregaram a abertura aos capitais estrangeiros, mas isso não chegava a ser, propriamente, decorrência de uma interpretação. Quanto à questão do Estado, embora hoje os neoliberais se apresentem como seus legítimos herdeiros, nunca foi central em suas construções intelectuais, senão na forma mais pobre da crítica à política, vista sempre como reduto de incapazes. Roberto de Oliveira Campos, que hoje se vangloria de ter sido profeta no passado, e que sucedeu a Gudin na liderança conservadora, nunca foi antiestatista, até ser alijado do poder já nos dias da ditadura militar, no governo do general Geisel. Antes disso, com Vargas e Kubitschek, esteve à testa da mais importante instituição estatal do desenvolvimentismo, o Banco Nacional de Desenvolvimento Econômico.

A esquerda tampouco dispunha de uma interpretação do papel do Estado na economia e na sociedade. Em primeiro lugar, em virtude da conhecida pobreza teórica dos quadros do Partido Comunista do Brasil, depois Brasileiro. Sobre o papel do Estado, antes da teorização de Furtado, não avançava além dos limites liberais, em geral. Prova-o, por exemplo, o próprio projeto do PCB para a exploração do petróleo, quando o partido ainda estava na legalidade: não era um projeto estatizante. Foi depois das grandes estatizações e da campanha do petróleo que a esquerda se alinhou, em geral, com um projeto estatizante. Mas isso não melhorou muito sua interpretação do próprio papel do Estado na economia e sua relação com a sociedade; talvez tenha agravado um lado deformado, que aproximava a esquerda comunista da direita autoritária: o Estado como demiurgo da nação.

Tudo isso não significa que Furtado não tenha participado dos duros debates em torno dos temas do Estado, das empresas estatais, do planejamento, das reformas, no período mais fértil de sua produção intelectual. Sobretudo se tivermos em conta que a produção de Furtado foi, sempre, a produção de conhecimento que orientasse a ação — Mannheim como guia intelectual, sob esse aspecto —, seria enigmático que os debates de seu tempo não fossem parte de sua própria obra. Como funcionário do Estado, no Grupo de Trabalho de Desenvolvimento do Nordeste, como diretor do Banco Nacional de Desenvolvimento Econômico, como superintendente da Superintendência do Desenvolvimento do Nordeste, como ministro do Planejamento, Furtado participava dos debates, das lutas cruciais e das decisões em torno dos rumos da política econômica brasileira.

Como intelectual, escrevendo para as duas principais revistas de economia do país, a *Revista Brasileira de Economia*, da Fundação Getúlio Vargas, e a *Econômica Brasileira*, que ele mesmo fundou à frente de um expressivo grupo de jovens economistas progressistas, alguns deles já nitidamente cepalino-furtadianos, influenciava o debate e a formação dos jovens cientistas sociais. Como um cruzado, percorria o país de norte a sul, convidado para conferências, paraninfando novas graduações de economistas, engenheiros, cientistas sociais. Algumas de suas obras mais dramáticas, como *A pré-revolução brasileira*, por exemplo, mostram um intelectual tentando ganhar uma corrida contra o tempo – uma batalha quase desesperada pela urgência das reformas –, profético, anunciando uma tragédia que, afinal, se consumou. Contra a urgência das reformas, a dureza das classes dominantes brasileiras, o despreparo das lideranças progressistas e uma espécie de redemoinho infernal que já não permitia a ação política racional.

Ainda assim, arrisco-me na tese de que o diálogo sobre o Estado se dá com o pensamento autoritário conservador já referido. Em primeiro lugar, pela razão, metodológica talvez, de que os autoritários da República Velha – mas que projetaram suas influências até sobre o Estado Novo de Vargas – dispunham de uma *interpretação* do Brasil. Esta era formada por uma antropologia e sociologia da formação da sociedade brasileira, pelo estabelecimento das articulações entre essa sociedade, suas representações, formas de regime político, coroadas por reflexões – no mais das vezes menos que análises – sobre o Estado. Guardadas todas as distâncias, de tempo cronológico, de tempo teórico, de contexto, reconhecendo mesmo que nos autoritários/conservadores a freqüente mistura dos registros, a passagem da análise para a norma ou até a substituição da análise pela norma poderiam dificultar comparações, tal não é o caso. Suas posições são perfeitamente comparáveis com as de um autor como

Celso Furtado e, em alguns casos, até mais explícitas, como na formação da "ordem", ou do Estado, tema sobre o qual Furtado é mais evasivo e que seu leitor é obrigado a investigar no interior da trama que ele tece dos conflitos sociais, aí então descobrindo a riqueza de sua construção.

A tese aqui defendida pode parecer implausível em face da inexistência de qualquer referência aos clássicos do pensamento autoritário brasileiro nas obras de Furtado. Se tomarmos *Formação econômica do Brasil*, por exemplo, não os encontraremos (a presença mais marcante entre os nacionais é a de Roberto Simonsen). Mas *Formação...* poder-se-ia alegar, não é um livro de doutrina. O problema é que a ausência se repete em um por um dos livros de Furtado, uma longa lista, como é conhecido de todos. A explicação da ausência se deve, a meu ver, ao que pode ser tido como o "estilo Furtado": a ausência de qualquer polêmica explícita e a busca constante de procurar manter-se, e aparecer, como estritamente científico. Esta é, possivelmente, uma das razões de seu sucesso. Mas o "estilo Furtado" é mais que um maneirismo ou um estilo literário: aproveitando uma sugestão metodológica de Roberto Schwarz na sua magnífica releitura e redescoberta de Machado de Assis, eu diria que a forma ou o estilo de Furtado são o resultado de um esforço civilizatório, sua contribuição para superar, no Brasil, a discussão estéril e bacharelesca, opiniática. Ora, justamente os clássicos do pensamento autoritário brasileiro são o oposto de Furtado: bacharéis no estilo e na forma de intervenção – o que é menos uma questão de incompetência e mais um problema de contexto –, enciclopedistas no mau sentido – também um problema da pouca diversificação e autonomia dos vários campos das ciências humanas no Brasil de seu tempo –, normativo-doutrinários menos que analistas.

Dificilmente Furtado desconheceria a obra dos clássicos do autoritarismo. Formado na Faculdade Nacional de Direito da Universidade do Brasil, no Rio de Janeiro do fim dos anos 1930, o lugar por excelência da produção e circulação das idéias no Brasil, onde viveram, produziram, debateram e agitaram Alberto Torres e Oliveira Vianna, para tomar dois dos mais representativos expoentes do pensamento autoritário, é muito pouco provável que um estudante de direito daquela escola não os estudasse e conhecesse. Além disso, convém recordar, como já foi referido, em face da pouca diversificação e autonomia das ciências humanas no Brasil, as faculdades de direito eram de "ciências jurídicas, econômicas e sociais", vale dizer, a economia política que se conhecia no Brasil, a antropologia e a sociologia, todas coabitavam, com graus relativos de autonomia e/ou de subordinação, o campo das ciências jurídicas. A ciência política, então, era inteiramente confundida com a própria ciência do direito, que para tanto dispunha de disciplinas como Teoria do Estado. O que poderia explicar, portanto, a ausência de qualquer referência à obra dos clássicos do autoritarismo seria, por um lado, o já citado "estilo" de Furtado e, por outro, sem dúvida, o menoscabo por uma produção que, aos olhos de um economista recém-fascinado pela produção anglo-saxã, cujas formas da retórica têm outra sintaxe e outro léxico, tinha tudo para parecer não-científica e até anticientífica.

Estado, organização e Poder Coordenador no pensamento autoritário clássico

Alberto Torres e Oliveira Vianna são os autores tomados como expoentes do pensamento autoritário clássico brasileiro, para os propósitos deste ensaio de diálogo com a obra de Celso Furtado. Eles elaboraram uma *interpretação* do Brasil, uma espécie de *summa* do pensamento de seu tempo. Constituem algo como a coroação de uma longa elaboração ideológica, cujo epicentro de preocupações pode ser encontrado na constatação das diferenças entre a sociedade brasileira e as sociedades tidas como civilizadas, constatação que se transforma em angústia em uns, pessimismo em outros, fina ironia ainda em outros (Machado de Assis, quase uma solitária exceção ao clima que, em geral, era de pessimismo, angústia e fancaria). Isto foi geral na América Latina, até mesmo porque nunca coube nenhuma dúvida às classes dominantes, em todas as suas latitudes, de que nossa história havia sido gerada a partir da Europa; portanto, cabia não nos afastarmos demasiadamente de nossa matriz, que era, assim, nosso modelo.

Essa constatação desembocava, em geral, numa espécie de mal-estar, de que derivaram proposições europeizantes, como é o caso nítido de Domingo Sarmiento, cujo *Facundo**, misto de romance, epopéia, análise social e doutrina, ilustra a proposta de "branqueamento" da Argentina para andar ao compasso da civilização; noutros casos, como no México, com Juárez, a proposta é a de modernizar tendo como âncora e paradigma o glorioso passado mexicano – devidamente mitificado, *comme il faut*.

No Império, a ideologia em geral era do tipo "branqueadora": os conservadores tinham uma noção naturalista da superioridade sobre os negros, e apenas os liberais estavam convencidos de que a escravidão não condizia com o progresso do país; num Nabuco essa percepção se radicalizava a ponto de localizá-la como o verdadeiro problema da nação: corruptora dos senhores e incapacitadora dos escravos. Mas o debate sobre a natureza do Estado nunca foi o forte nem nas rodas intelectuais nem na política brasileira do Império. Mesmo os abolicionistas e os republicanos estiveram sempre muito mais interessados na forma do regime que na reforma do Estado; ou, por outras palavras, a segunda coisa incluía-se na primeira, de forma reducionista.

A Primeira República, ou República Velha, vai assistir a uma verdadeira explosão do tema do Estado, ainda que muitas vezes este fosse expresso em retóricas vazadas nos termos do regime político. Todo um enorme movimento que vinha desde o Império, é verdade, mas que não alcançava muita visibilidade nele, com a influência do positivismo sobretudo de corte constantiano, entre militares e civis, num espectro que ia de militares de caserna e engenheiros militares a bacharéis – inevitavelmente –, incluindo até sanitaristas, a questão do saneamento das cidades e da vacina com Osvaldo Cruz, a questão do serviço militar obrigatório ou voluntário com Olavo Bilac, os próprios militares como primeiros presidentes e o Exército como uma força política ostensiva desde a deposição do imperador, a questão da defesa do café, a questão das obras

---

* Domingo Faustino Sarmiento. *Facundo*: o civilización y barbarie. Buenos Aires, Espasa – Calpe, 1994. [Ed. bras.: *Facundo*. Tradução de Carlos Maul. Rio de Janeiro, Imprensa Nacional, 1938.]

contra as secas no Norte Agrário (denominação de Evaldo Cabral de Mello, para quem Nordeste é uma entidade recente), sobretudo com a presidência Epitácio Pessoa, tudo isso contribuiu, de forma absolutamente nova, para colocar o tema do Estado no primeiro lugar da agenda pública da discussão.

De modo confuso, portanto, o que emergia era o papel do Estado numa economia capitalista, mesmo periférica. Os conservadores/autoritários tentaram dar uma resposta a essa questão. Alberto Torres e Oliveira Vianna podem ser considerados os mais representativos expoentes de toda essa confusa emergência. Outras propostas, liberais, como a de Rui Barbosa, disputaram a preferência política e do imaginário social. Mas não apenas foram derrotadas nas eleições "a bico-de-pena" da República Velha: provavelmente elas não tinham virtualidades políticas e sociais.

A diferença entre os clássicos do autoritarismo e os novos conservadores, *soi-disant* liberais da safra contemporânea a Celso Furtado, e mesmo os neoliberais de hoje, é que os primeiros dispunham de uma interpretação do Brasil fundada numa análise da sociedade e das projeções e/ou repercussões e/ou conseqüências que a formação da sociedade projetava sobre as instituições políticas, sobre a política e o Estado. Nada parecido com os conservadores contemporâneos de Furtado, nem com os neoliberais de hoje, para os quais ou não há sociedade ou ela não tem nenhuma relação com o Estado. Este aparece, sempre, de forma abstrata, e esse tipo de conservador nunca se perguntou de onde vem o tipo de política que se pratica no Brasil, onde estão as raízes das práticas patrimonialistas, do uso indevido do Estado. No caso, não se trata apenas de cinismo de classe, que é forte no Brasil; há que reconhecer, antes de tudo, a visível decadência ou deterioração das condições intelectuais da direita no Brasil.

De fato, a questão da "organização nacional", que entre os conservadores clássicos inclui os temas dos regimes políticos e do Estado, ampara-se numa análise – que mistura os níveis com demasiada freqüência, mas este era, mais ou menos, o padrão da época – antropológica, sociológica e política da formação da sociedade brasileira; o ponto menos forte dessa construção residia no econômico. Essa análise era francamente conservadora, mesmo feitos todos os descontos, mas tinha o mérito de pretender integrar todas as facetas da constituição da sociedade e do Estado e, por meio das reformas que pretendia, alterar os termos dos problemas detectados. Sua base era uma algaravia em que o forte era dado pela antropologia física das raças – Gobineau inclusive comparecendo na bibliografia de um Oliveira Vianna –, uma sociologia política do latifúndio e do poder das oligarquias como descentralização de conseqüências nefastas e um antiliberalismo no plano da doutrina política que coroava todo o edifício da síntese sociedade-Estado no Brasil com um desastre que só tendia a aprofundar-se.

Não é difícil reconhecer que a formação da sociedade brasileira que está na base da teorização/especulação de Torres e Oliveira Vianna nada mais é senão uma elaboração mais refinada, com pretensões teóricas, ajudada pela antropologia do século XIX, que continuou hegemônica nas primeiras décadas do século XX, da imagem das "três raças tristes" que, na sua amálgama, constituíram a base multiétnica da maioria da população brasileira. De fato, desde a Colônia, propagava-se que Portugal havia colonizado o país, que não era a jóia de sua coroa, com degredados, ladrões, assassinos, cristãos-novos e uma récua de funcionários de baixo nível, comandados por uma pequena nobreza – já que a alta nobreza portuguesa estava destinada, não o sabiam os infelizes, a administrar e perecer na Índia. Juntados aos negros, sobre os quais se discutiu durante muito tempo se pertenciam ao gênero humano, se tinham alma imortal ou não, e aos habitantes locais, quase nivelados aos animais, não é difícil perceber como esse estereótipo influenciou o pensamento sobre a formação da sociedade; o imaginário popular está cheio dele, até hoje.

Em *Raça e assimilação*, de Oliveira Vianna[1], na seção "O problema do valor mental do negro", pode-se ler:

> Em relação ao negro puro, minha opinião (...) é de que, para certos typos de intelligencia superiores, elle revela, na sua generalidade, uma menor fecundidade do que as raças aryanas ou semitas, com que elle tem estado em

---

[1] Francisco J. Oliveira Vianna. *Raça e assimilação*. 3ª ed. São Paulo, Nacional, 1938 (Coleção Brasiliana, vol. 4).

contacto. (...) O negro puro, portanto, não foi nunca, pelo menos dentro do campo historico em que o conhecemos, um criador de civilizações.

E quanto ao índio:

O contrario se dá com o indio. O selvagem, em geral, é sombrio, reservado, recordando muito, na sua constituição affectiva, o "autista" de Bleuler. Observando-o nas suas attitudes e nos seus modos de vida, sente-se que, na generalidade dos casos, ele se comporta como schizoide typico.[2]

Vianna se apoiava no que lhe parecia mais atual na antropologia física, na biossociologia. Não era apenas preconceito. Essas poucas citações servem apenas para dar uma idéia: as páginas da obra citada, assim como, em geral, as outras obras de Oliveira Vianna, estão repletas desse tipo de conceituação, próprio da ciência de seu tempo.

Essa antropologia funda uma sociologia política da anarquia. Em *Populações meridionais do Brasil*[3], Vianna dedica-se a explicar por que, sobre a base de negros e índios, cujas tendências psicossociais foram descritas (ele vai mais longe ao nomear uma "amoralidade constitucional" no mestiço), os clãs latifundiários instauram a anarquia. O poder político é impotente diante do vigor da expansão colonizadora bem como dos fracos recursos do poder governamental, que não consegue chegar a todos os lugares aonde chegam os exploradores. Mas é "essa colossal pululação de elementos instáveis e nômades [que] torna a tarefa dos organizadores de clãs extremamente fácil"[4]. No fundo, a impotência da Coroa portuguesa não é outra coisa que desinteresse por uma colônia que nunca lhe deu as riquezas que a Índia lhe tinha proporcionado.

Assim, quando emerge o surto de mineração, ouro e diamantes, a Coroa rapidamente se organiza para chegar aos mais afastados rincões do país e impor a ordem por sobre a "anarquia" oligárquica dos clãs latifundistas. É o período áureo – não apenas do ouro – da centralização

---

[2] Idem, ibidem, p. 272.

[3] Idem. *Populações meridionais do Brasil.* 5ª ed. vol 1. Rio de Janeiro, José Olympio, 1952.

[4] Idem, ibidem, p. 252.

do poder, que irá constituir o emblema de organização para Vianna e os ideólogos do autoritarismo. O Império reproduzirá essa centralização e por essa razão aparecerá, pelo menos para Oliveira Vianna, como o modelo a ser instaurado numa república que, irreversível, deveria ser unitária, centralista e centrípeta. Alberto Torres é mais complexo: suas proposições são republicanas, tentando combinar descentralização, que não significava autonomia das províncias, e centralização, cujo sinônimo, para ele, era coordenação. Unificava-as, certamente, um acendrado antiliberalismo e antiparlamentarismo.

Em Torres, que aliás será o "guru" intelectual de Oliveira Vianna, precede, quase nos mesmos tons, a análise da formação da sociedade com base numa antropologia física da qual deriva uma sociologia pessimista. Mas o forte em Torres é a análise da organização. Sua principal obra, *A organização nacional*[5], é toda dedicada, a partir da análise da Constituição, a propostas de reformas constitucionais, comentadas passo a passo, mudando pois de registro da análise para a proposição. No final, ele apresenta sua própria proposta de Constituição, na qual a radical inovação reside na instituição de um Poder Coordenador[6], que é, de algum modo, uma restauração do famoso Poder Moderador do imperador, nunca escrito em letra constitucional, e um anúncio precoce, ousado e muitas vezes brilhante das funções de planejamento do Estado moderno. O prefácio da obra, do próprio autor, é esclarecedor: segundo ele, foi o período do exercício do governo do estado do Rio de Janeiro que lhe advertiu para os problemas aos quais ele propõe solução por meio da reforma da "organização nacional". A sintaxe e o léxico são claramente conservadores e autoritários: o Poder Coordenador invade áreas do Executivo, do Legislativo e do Judiciário, é formado por representações de classe, de categorias profissionais, de crenças religiosas, numa anunciação precoce das tendências corporativistas fascistas – aliás, todo período de intensa produção e prestígio dos conservadores brasileiros

---

[5] Alberto Torres. *A organização nacional*. Rio de Janeiro, Imprensa Nacional, 1914.

[6] Idem, ibidem, especialmente p. 286-95.

coincide com a ascensão do fascismo, mas eles nunca foram, abertamente, fascistas. O presidente da República seria eleito por eleição indireta, num colégio eleitoral formado a partir da composição do Poder Coordenador, por exemplo. Em suma, as proposições de Torres, as quais Oliveira Vianna subscreverá inteiramente, são antiliberais no pleno sentido do conceito: sociológica e politicamente. Sua República é uma república dos mais capazes, não necessariamente os mais sábios: uma espécie de platonismo pragmático.

A modernidade das questões propostas
pelo pensamento autoritário

A contradição e a possibilidade de comparar ou buscar o diálogo inconsútil da obra de Celso Furtado com a dos clássicos do autoritarismo brasileiro estão em que os problemas e as questões levantadas por eles eram extremamente relevantes, modernas – se essa palavra quer dizer alguma coisa – e não encontravam resposta em nenhuma proposição das que circulavam no meio intelectual, acadêmico e político brasileiro da República Velha. Outra coisa é distinguir entre a atualidade e a relevância das questões levantadas e o caráter das resoluções que eles propuseram, cujo tom mais que conservador assume, evidentemente, o primeiro plano.

Além disso, há que se levar em conta que tanto os clássicos do autoritarismo quanto Celso Furtado são autores cuja produção está estreitamente vinculada às possibilidades da ação racional estratégica na política. A despeito de filiações teórico-metodológicas acentuadamente distintas, existe esse fio condutor. São – uns, não de forma sectária nem político-partidária, que é flagrantemente o caso de Furtado, e outros, abusadamente sectários, caso de Torres e Oliveira Vianna – intelectuais militantes, no mesmo sentido em que o foi a grande maioria dos clássicos das ciências humanas e sociais no Ocidente. Não se busca, aqui, estabelecer filiações entre os clássicos do autoritarismo e Celso Furtado, o que seria um disparate e um desrespeito à pessoa e à obra de quem, sempre, mesmo nos momentos que pareciam mais desvairadamente propícios à revolução, se manteve de uma fidelidade aos princípios e à prática democrática quiçá com poucos paralelos entre os homens públicos brasileiros. Do que se trata, não apenas para uma história das idéias, mas para a história política, é de pesquisar as condições históricas em que atores intelectuais de primeiro plano abordaram os temas do Estado. Numa palavra, as questões relativas ao planejamento, à moderna relação do Estado com a economia capitalista não são, no Brasil, "um raio num dia de céu azul", como provavelmente não o foram em nenhuma parte.

As questões levantadas pelos clássicos do autoritarismo dizem respeito, de fato, na forma do mal-estar já referido, à crescente "disfuncionalidade" do Estado brasileiro diante de um conjunto de questões que, em geral, são as que levaram à imbricação do Estado na economia capitalista de forma sistemática e não *ad hoc*, como sempre ocorreu na história do capitalismo. Em geral, é o mal-estar das revoltas da República Velha, protagonizadas, sobretudo, pelos militares, pelo tenentismo, ao contrário do ciclo das revoluções do Império, em sua primeira fase, protagonizadas pelas diferentes sociedades regionais num império ainda em formação. Os militares, em geral, eram, se não os portadores do anacronismo do Estado brasileiro, os mais atingidos por ele.

São questões que interrogam como financiar a defesa dos preços do café – já empreendida por São Paulo, desde o Acordo de Taubaté; como financiar os gastos de infra-estrutura pelo Estado, que apareceram dramaticamente na presidência Epitácio Pessoa, em obras contra as secas no Nordeste; financiamento de obras como o telégrafo nacional, que as missões de Rondon haviam posto na ordem do dia (o telégrafo para o exterior interessava ao capital estrangeiro e por este era explorado); a própria expansão da educação, para fazer o "branqueamento" da população, isto é, civilizá-la, nos termos utilizados pelos conservadores; o assistir impassível à passagem dos ciclos da economia, destruindo, na baixa da acumulação, o que se havia construído na fase de auge; as questões postas pelo saneamento das cidades, como os gastos para sanear o Rio de Janeiro, um inferno pestilencial de febres tropicais; para o Exército, quando da campanha pela circunscrição obrigatória, cedo apareceu o problema dos recursos orçamentários para pagar a tropa; as questões envolvidas na relação estados–União, em que o progresso de São Paulo, por exemplo, mal se refletia nas finanças federais (o que está presente nas propostas de Alberto Torres sobre o Poder Coordenador e na sua "quadratura do círculo", que é a descentralização sem autonomia, isto é, províncias sem poder financeiro e autonomia fiscal, fórmula, aliás, que a Revolução de 1930 adotará).

Esse conjunto de questões, que anima os debates na República Velha, constitui o tema dos clássicos do autoritarismo. Daí sua pertinência. Torres será o mais articulado em proposições e talvez o mais avançado: seu Poder Coordenador – que aliás ressurge, nos anos 1990, numa proposta de Fábio Konder Comparato – é a proposta mais parecida com as relativas a planejamento que as décadas de 1950 e 1960 conheceram, e que só entraram em declínio, no esquema governamental, a partir da hegemonia dos pragmáticos de Delfim Netto e dos neoliberais na década de 1990. As propostas e a criação do BNDE, dos vários bancos regionais de fomento, os vários conselhos de desenvolvimento, desde o mais importante deles, com Juscelino Kubitscheck, até o que o general Geisel reeditou na década de 1970, quase com o mesmo prestígio e a mesma força, as superintendências regionais de planejamento, de que a Sudene foi o modelo e a realização mais acabada e ao mesmo tempo mais truncada, são comparáveis ao Poder Coordenador; não são a mesma coisa, do ponto de vista do conteúdo: enquanto o planejamento pós-1930 buscou dotar o Estado brasileiro de meios e técnicas para intervir no sentido de acelerar e auxiliar a industrialização, o conteúdo dos clássicos do autoritarismo, em geral, era antiindustrialista. Porém, no íntimo de muitos dos planejadores brasileiros talvez não estivesse ausente algo muito próximo do antiliberalismo de Torres e Oliveira Vianna: se nenhum Ministério do Planejamento por cima dos outros poderes chegou a ser proposto, este desejo talvez tenha sido mais cotidiano do que pensamos. Planejadores sempre foram muito seduzidos por algumas das idéias de Torres e Oliveira Vianna, de que os políticos e a política atrapalham a racionalidade das decisões e das implementações de natureza técnica. Ironicamente, o trator antiliberal foi manejado por condutores da política econômica que eram, também, antiplanejadores, a partir dos anos 1970, como

Delfim Netto e Mário Henrique Simonsen, embora na presidência Geisel o padrão de planejamento autoritário, o velho sonho acalentado pelos teóricos do pensamento conservador clássico brasileiro, tenha, finalmente, encontrado realização.

Aos olhos dos clássicos do autoritarismo, o progresso das nações e dos povos que, para eles, eram exemplares devia-se antes de tudo à organização nacional que souberam lograr. Considerando o caso britânico uma exceção, de êxito do parlamentarismo, bem como o dos Estados Unidos, em função do *self-made* dos norte-americanos, na base do qual estavam as grandes personalidades e uma rara combinação entre conhecimento científico e pragmatismo – era assim que eles elogiavam ao mesmo tempo a personalidade de um Washington e os textos dos federalistas, mas abominavam Jefferson –, o caminho do progresso que palmilhava a Alemanha, por exemplo, lhes parecia obra da determinação férrea de Bismarck sobre um povo cujas aptidões para o trabalho eram inegáveis. No fundo, era a questão do Estado que estava em jogo: a capacidade demonstrada na unificação alemã, a cartelização e a proteção industrial dada pelo Estado, as agressivas políticas que fizeram, em pouco tempo, a Alemanha recuperar o atraso em relação à Inglaterra e mesmo à França.

Com o pano de fundo antropossociológico que sustentava uma espécie de natural inclinação dos povos habitantes dos trópicos para a decadência, uma citação de Alberto Torres é extremamente esclarecedora:

> (...) na anarchia política, social e economica em que temos vivido, a colonização tem sido uma simples implantação de populações extranhas no paiz: populações destinadas a decahir, e em muitos pontos já deprimidas, exactamente como as dos descendentes do preto, do indio e do portuguez – Petropolis e Friburgo, por exemplo – e em outros, como em Santa Catharina, a caminho de transformação e declinio (...),[7]

pois os trópicos corrompiam não apenas as "três raças tristes", mas todos os que aqui aportassem. Nesse diapasão, a política e o Estado derivavam-se,

---

[7] Idem, ibidem, p. 179-80.

imediatamente, como corruptos, corruptores e incapazes de levar a nação, que aliás não existia, ao seu destino.

As teses do pensamento autoritário clássico são conservadoras, retrógradas mesmo; nacionalistas, roçam freqüentemente os limites de uma xenofobia contraditória – como aliás é quase toda xenofobia –, pois, apesar de sua antropossociologia diagnosticar raças incapazes, o povo é bom, ordeiro, de bons sentimentos. Pensam um país agrário, de pequenos proprietários; abominam o latifúndio, não pelas mazelas sociais que estrutura, mas por constituir, virtualmente, um desafio à ordem e à lei; abominam a grande produção, a economia voltada para as exportações; pensam um país bucólico, de completa harmonia social. Um outro conservador importante dessa geração, Gustavo Corção, cristalizou o ideal desse modelo no romance *Três alqueires e uma vaca**, o emblema clássico, no Brasil e alhures, para uma pequena burguesia agrária.

Do autoritarismo à "navegação venturosa": a resposta de Celso Furtado

A obra de Celso Furtado, já se adiantou, constitui uma espécie de resposta, num diálogo inconsútil, invisível, sem traços, mas perfeitamente reconhecível, aos problemas propostos pelo pensamento autoritário clássico brasileiro. Não que o autor tenha se proposto a isso: foram os desafios de seu tempo, o contexto em que os problemas do desenvolvimento se impuseram – pós-Segunda Guerra e forte impulso da descolonização – e um ambiente intelectual inovador que criaram as condições para essa produção intelectual que é, verdadeiramente, uma contribuição brasileira à teoria social mundial.

Desde *A economia brasileira*, o esquema básico estava construído, na seção que diz respeito à transição para a economia industrial, vale dizer, à Revolução de 1930. *Formação econômica do Brasil* completa o quadro histórico, reinterpreta-o vigorosamente, atualiza os problemas. A res-

---

* 6ª ed. Rio de Janeiro, Agir, 1961.

posta às questões propostas pelos clássicos do conservadorismo está nas formas da transição para a economia industrial e nas novas funções do Estado. O esquema é bastante conhecido para repeti-lo aos que conhecem a obra de Furtado. Importa-nos pôr o acento em como Furtado responde às principais questões e livra-se da tentação autoritária.

Pela reconstrução histórica rigorosa, ele escapa do estigma das "três raças tristes". O que existe é um processo de colonização, com os problemas de uma "colônia de produção" – para cuja especificidade tanto Gilberto Freyre quanto Caio Prado Jr., ambos citando Lemy Beaulieu, já haviam chamado a atenção –, e posteriormente a conversão de Portugal num satélite da Inglaterra, com o Tratado de Methuen, que Furtado estuda suficientemente. Está desfeito o estigma. Um diálogo com Gilberto e com Sérgio Buarque poderia ter sido extremamente interessante e enriquecedor para a própria obra de Furtado e para a reinterpretação desses dois "demiurgos". Como a historiografia depois veio a confirmar, a "economia patriarcal" de Gilberto, uma construção culturalista na verdade inspirada no patriarcalismo romano, se iluminava os horrores "íntimos" da economia açucareira, ocultava sua extrema dependência de um intrincado sistema de relações internacionais e, portanto, desqualificava-a como centro da economia colonial. Quanto a Sérgio Buarque, o diálogo talvez ajudasse a retificar o extremado apego a tipos ideais como o do aventureiro ibérico, se a empreitada colonial estivesse devidamente articulada em suas relações internacionais; em outras palavras, o aventureirismo não era, provavelmente, obra do "caráter ibérico", mas da forma colonial.

A relação entre economia, sociedade, política e Estado é primorosamente reestruturada pela interpretação da crise dos anos 1930. São os interesses das classes sociais, dos proprietários, dos produtores, dos exportadores que levam o governo às medidas de salvaguarda dos preços – impossível diante da conjuntura internacional – e da renda, finalmente, com estocagem e queima de café, no conhecido esquema furtadiano. Ora, aí se reinterpretam todas essas relações. Sem nomeá-las de um modo *à la* Marx, e conhecendo todas as resistências do autor em assimilar sua obra ao campo marxista – procedimento que não estou adotando, mesmo porque teoria das classes não é exclusividade do marxismo –, eu diria que essa passagem é construída pelo mesmo prisma com que Marx escreveu o *O Dezoito Brumário de Louis Bonaparte**. Tal tipo de interpretação não seria permissível pela compreensão da formação da sociedade, suas relações com a política e com a formação do Estado de que dispunham os clássicos do autoritarismo. Somente um olhar renovado teoricamente seria capaz da façanha teórica que Furtado consegue.

Há duas influências teóricas importantes nessa interpretação; eu diria três, apesar das resistências do autor. A primeira e mais visível é a de Keynes. *Formação econômica* é, a muitos respeitos, uma releitura keynesiana da história brasileira. Que se revelou notavelmente frutífera. Não apenas no keynesianismo *avant la lettre* da sustentação da renda dos produtores, em 1933, quando a *Teoria geral do emprego, do juro e da moeda* nem existia – o que não quer dizer nada, pois no fundo Keynes teorizou sobre o tatear das principais sociedades ocidentais em torno de como escapar às determinações fatais, para os neoclássicos, do ciclo de negócios –, mas, talvez mais importante, em relação à autonomização da demanda que derivava da autonomia do Estado, de uma racionalidade *diversa* da do mercado.

A outra influência, não citada, é de Karl Mannheim, do ponto de vista de uma ação racional voltada para fins objetivos; longe da indeterminação, do acaso, os sujeitos da cena política, econômica e social agem conforme um plano racional, voltado a preservar seus interesses. Essa influência mannheimiana é, no meu modo de ver, a principal responsável por salvar Furtado da tentação autoritária que a tradição brasileira poderia sugerir-lhe. É conhecido que toda a obra de Karl Mannheim é um *plaidoyer* pela democracia e que sua obra *Liberdade, poder e planificação democrática***, conhecida por Furtado – mas não citada em nenhuma de suas obras da fase áurea –, é um dos esforços mais sérios, ao lado do de Gunnar Myrdal, para conciliar planejamento e liberdade.

---

* Ed. bras.: 3ª ed. Porto Alegre, Centauro, 2003.

** São Paulo, Mestre Jou, 1972.

A terceira influência, volto a repetir, é Marx. Furtado prefere recuar a Vico, mas ele mesmo reconhece o enorme intercâmbio, não isento de uma profunda afeição e admiração, com Juan Noyola, um jovem economista mexicano que depois se dedicou totalmente à revolução cubana e que formou, junto com Furtado, a plêiade inicial que ajudou Prebisch a formular a teorização cepalina. E ele mesmo confessou que a formação marxista de Noyola, que ademais era também extremamente competente em teoria clássica e neoclássica, foi um dos elementos fecundadores do trabalho da equipe. Além disso, o próprio Furtado conheceu, desde cedo, a obra de Marx. Acredito que o tipo de solução dado a um Estado de classes que, keynesianamente, supera as limitações de sua própria base social para preservar as condições gerais de reprodução do sistema e, nesse processo, contribui para mudar as próprias condições dessa reprodução é basicamente marxista.

Com essa resposta, Furtado responde também à questão da nação. As "três raças tristes" – que, por sinal, jamais aparecem na sua reflexão – são capazes de formar um Estado e uma nação. Esta não é produto do Estado, como pensavam os clássicos do autoritarismo, ou pelo menos não é recriada do alto – embora, gramscianamente, a Revolução de 1930 tenha sido uma típica "revolução pelo alto". É um movimento dialético, permitam-me o palavrão, em tempos hoje de tanto pudor, sem mecanicismos. Furtado não deduz o Estado da nação ou da sociedade, nem o contrário. Trabalha as relações entre essas duas instâncias, na forma em que um economista as trabalha – a rigor, suas remissões ao Estado são sempre menos explícitas que entre os clássicos do autoritarismo, e em muitas de suas obras a política não passa de um epifenômeno da economia, salvo explicitamente em *A pré-revolução brasileira*, quando ela assume as dimensões de uma tragédia –, mas evidentemente essas relações são varridas por uma lufada de ar fresco, mediante uma forma renovada de perceber suas articulações.

Desse ponto de vista, a meu ver, supera o obstáculo que Caio Prado Jr. não conseguiu superar, uma vez que para Furtado a industrialização completava o projeto nacional, enquanto para Caio Prado Jr. esse projeto continuaria incompleto enquanto perdurassem as condições de submissão ao imperialismo. Em minha opinião, Caio Prado Jr. não percebeu o que Furtado rapidamente entendeu: que a existência de Estados nacionais não é indiferente às relações com o imperialismo, e que essas relações não são uma avenida de mão única. Isto é, havia possibilidade para uma inserção autônoma nos quadros da divisão internacional do trabalho capitalista, justamente o cavalo de batalha em torno do qual começou a erigir-se o edifício cepalino, com sua denúncia da deterioração dos termos de intercâmbio sugadora dos excedentes produzidos pelos países produtores de matérias-primas, que reiteravam permanentemente essa dependência. A industrialização teria o condão de romper o círculo vicioso. Além disso, a teorização cepalino-furtadiana abriria as portas para a futura elaboração da teoria da dependência, na verdade uma sociologização menor da obra maior da "navegação venturosa"[8].

Em mais um aspecto a resposta furtadiana não apenas escapa à tentação autoritária, mas responde em novos termos a uma das questões mais candentes postas pelo pensamento autoritário clássico. Refiro-me à questão da autonomia/descentralização dos estados da Federação. A fórmula Torres/Oliveira Vianna era a de uma descentralização sem autonomia que sob muitos aspectos as reformas pós-1930 vão incorporar. Muitas delas tiveram o significado, na verdade, de ampliar o espaço da circulação das mercadorias e criar as premissas para um mercado nacional de mercadorias. Para Torres e Oliveira Vianna, a descentralização era necessária em razão do tamanho do país, da sua diversidade regional e da incapacidade notória de que o "olho" da União chegasse a todos os rincões; mas o risco, para eles, era que a descentralização alimentasse a autonomia das oligarquias, o enfraquecimento do Estado central, o movimento centrífugo, enfim, da "república dos coronéis", de que a República Velha era notoriamente emblemática. Unitaristas e antiliberais viam com desconfiança qualquer enfraquecimento do centro.

---

[8] Cf. Francisco de Oliveira. "A navegação venturosa" (Introdução). In Francisco de Oliveira (org.). *Economia*. São Paulo, Ática, 1983 (Coleção Grandes Cientistas Sociais – Celso Furtado).

Furtado não dá nenhuma resposta imediata a essa questão, senão por ocasião da Operação Nordeste e da criação da Sudene. Percebendo que, de fato, o crescimento industrial localizado no Sudeste, que ele chamou de Centro-Sul, desmontava a Federação, aguçando tensões que já se apresentavam no mercado de força de trabalho e no crescimento dos salários reais do operariado do Sudeste, pela concorrência da migração nordestina – uma interpretação até hoje controversa e, no mínimo, neoclássica –, ele propõe, no entanto, uma saída absolutamente inovadora, democratizante, renovadora do federalismo e da Federação.

Ele constrói primeiro a demonstração de que o Nordeste contribuía para o desenvolvimento nacional; em seguida desloca o centro nevrálgico da questão para o uso da terra e para a própria industrialização do Nordeste. Consegue mobilizar, assim, todo um amplo arco de forças contra o latifúndio e a favor da industrialização, numa operação de estratégia política de altíssima temperatura e elevada capacidade simbólica num país que agora tinha a industrialização como seu fetiche. E por meio da constituição de um organismo regional propõe o que considero uma espécie de federalismo regionalizado: lúcido para perceber que as tendências concentracionistas não podiam ser revertidas pelo Estado apenas por meio de uma política *política*, ele utilizou incentivos fiscais para interessar as forças concentracionistas na desconcentração. E tentou soldar os estados num novo pacto federativo, de caráter regional, para assim refazer todo o pacto federativo nacional. Essa foi sua resposta ao pavor que as chamadas tendências centrífugas inspiravam aos clássicos do autoritarismo brasileiro. Sem enfraquecer o Estado central.

Evidentemente, o pós-1964 se encarregou de transformar o projeto de reformulação do pacto federativo em letra morta; outra vez, as forças centrífugas, não no sentido em que apavoravam os clássicos do autoritarismo, entraram em movimento. Houve apenas localização de indústrias no Nordeste e na Amazônia, mas o caráter ao mesmo tempo centralizador do Estado brasileiro e centrífugo do movimento das forças econômicas tornou a Federação uma ficção.

Celso Furtado oferece, portanto, uma *interpretação* do Brasil. E é nesse sentido que ele pode ser comparado aos clássicos do autoritarismo brasileiro, conforme já foi explicitado neste ensaio, com propósitos de mapear a história das idéias e a gênese de problematizações do Estado e do planejamento e suas repercussões na ação do Estado. Não se está dizendo, reitere-se, que há filiações entre Furtado e os autoritários clássicos brasileiros, o que de resto não seria infamante, já que eram intelectuais legitimamente preocupados com os destinos do país, e, na história das idéias e posições assumidas por intelectuais, filiações que desembocam em orientações diametralmente opostas são mais comuns que o contrário; aliás, tais conflitos costumam gerar obras extraordinárias.

Porém, Furtado não apenas elaborou uma interpretação do Brasil: ofereceu à ciência social contemporânea a notável construção da teoria do subdesenvolvimento – de que a Cepal foi uma espécie de incubadora e Raúl Prebisch e a equipe inicial mui justamente co-autores –, que se situa num patamar acima de uma interpretação nacional. Ou, melhor dizendo, foi com essa arma teórica que ele pôde elaborar a interpretação do Brasil que o inscreveu no panteão dos "demiurgos" do Brasil contemporâneo.

FORMAÇÃO ECONÔMICA DO BRASIL
gênese, importância e influências teóricas[*]

Os trabalhos da Cepal, uma agência da Organização das Nações Unidas (ONU), com os conceitos inovadores de centro-periferia, de subdesenvolvimento, de trocas desiguais entre produção de matérias-primas *versus* manufaturas no comércio internacional – contra a posição teórica dominante, das vantagens da especialização provocada pelo comércio internacional livre –, de formação de uma estrutura dual na periferia, obstáculo ao desenvolvimento e reiteração do subdesenvolvimento, constituem a base sobre a qual se assenta o trabalho de Celso Furtado e seu livro clássico.

Antonio Candido de Mello e Souza, fundador, entre outros, da moderna teoria literária brasileira, chamou o trio de autores da década de 1930, Gilberto Freyre, Sérgio Buarque de Holanda e Caio Prado Jr., de demiurgos do Brasil, no sentido de que elaboraram interpretações que moldaram, definitivamente, nossa maneira de compreender a formação da sociedade, do Estado e da nação, com suas formas sociais, econômicas, políticas e culturais, com seus estigmas e modos de relacionamento

---

[*] Capítulo elaborado para a obra *Introdução ao Brasil* – um banquete no trópico, organizado por Lourenço Dantas Mota. 2ª ed. São Paulo, Senac, 1999.

que nos imprimiram um selo especial. Representações do país que se tornaram insubstituíveis para quem quiser ter acesso aos significados da sociedade brasileira. São teorias da especificidade, da autoconstrução, certamente tensionada pelo mundo em volta, pelo capitalismo mundial que foi, na sua expansão mercantil, o próprio fundador das colônias. Processos contraditórios, e portanto não passivos: concede-se lugar central aos sujeitos sociais, econômicos, políticos e culturais internos e à encenação que fazem de si mesmos, como formas de sua ideologia. Celso Furtado junta-se, com justiça, a esse seleto grupo – ao qual, de resto, também pertence o próprio *Antonio Candido* com seu *Formação da literatura brasileira** –, atualizando, renovando, marcando as rupturas, sobretudo porque ele apanha o intenso processo de industrialização que se acelera a partir da Revolução de 1930. Para o erro ou o acerto, boa parte da política econômica brasileira nas últimas quatro décadas – o livro é de 1959 – é uma discussão em torno de suas formulações.

O novo em Celso Furtado, assim como nos clássicos demiúrgicos da década de 1930, é a construção de uma complexa relação entre teoria e história. Assim, não há uma teoria que se aplique à história, nem o contrário, uma história que seja explicada pela teoria: o andamento se faz tecendo os fios de uma construção auto-estruturante, em que a história é teoria e a teoria é história. Distanciam-se, assim, *Formação...* e seu autor da tradição que ficou conhecida no Brasil como bacharelesca, que buscava enquadrar a realidade, a história, em pré-conceitos, em modelos abstratos, para fazer a crítica da história real. Isso deu lugar às conhecidas dicotomias do "país real contra o país legal", ou da "ordem contra a barbárie", por exemplo.

As influências teóricas recebidas e retrabalhadas por Celso Furtado, que aparecem em seu livro, vêm de várias fontes. A primeira e mais importante é, como já se assinalou, o próprio trabalho teórico da Cepal, do qual ele mesmo foi também um formulador, na época em que lá trabalhou. A influência da historiografia brasileira também é notável: desde Capistrano de Abreu, figura maior do século XIX, passando por

---

* 9ª ed. Belo Horizonte, Itatiaia, 2000.

Roberto Simonsen, líder industrial mais importante de São Paulo nas décadas de 1930 e 1940 e historiador com obra importante, *História econômica do Brasil**. Caio Prado Jr. está presente na tese de doutorado, embora não seja citado em *Formação*. Mas sua influência sobre Celso Furtado é transparente, para quem conhece e compara os trabalhos dos dois autores. Gilberto Freyre, com sua rica interpretação da sociedade patriarcal em *Casa-grande & senzala*, também influiu, sendo citado na tese de doutorado, desaparecendo em *Formação*.

A herança recebida da ampla literatura internacional de economia e ciências humanas, compreendidas nestas a filosofia, a sociologia, a ciência política, a antropologia e as ciências da cultura – Celso Furtado deu, sempre, especial atenção à autonomia da cultura nos amplos processos formadores da civilização –, é rica e variada. Comparece, em primeiro lugar, na própria obra da Cepal, na qual já haviam sido filtradas várias heranças teóricas, recuperadas numa construção originalíssima. Com Karl Mannheim, importante sociólogo dos anos 1940, Celso Furtado tem reconhecido uma enorme dívida teórica e humanística, em sua insistência sobre as possibilidades racionais e democráticas da escolha e do planejamento, embora Mannheim não compareça na bibliografia do livro. Max Weber, o gigante das modernas ciências sociais, também deu sua contribuição à formação de Furtado, não apenas pela via mannheimiana, mas pela teorização dos processos de racionalização e da formação da burocracia, importantes para a compreensão dos processos decisórios e dos níveis de formalização hierárquicos na história. A influência de Karl Marx, o fundador do marxismo, é patente em Celso Furtado e no seu livro, embora também sem citação. A junção não-justaposta, não-mecânica, não-simplista entre teoria e história é a mais importante contribuição silenciosa de Marx na obra de Furtado. Recentemente, este tem ressaltado essa dívida. Mas, sem dúvida, a contribuição mais marcante é a de Keynes, economista inglês que revolucionou a teoria econômica no século XX, com sua obra *A teoria geral do emprego, do juro e da moeda*. A história econômica realizada por Furtado é, de certa maneira, uma

---

* São Paulo, Nacional, 1978.

releitura keynesiana da história brasileira. A teoria de Keynes ajudou Furtado a deslindar, por exemplo, a autonomia do Estado brasileiro para realizar as ações intervencionistas a partir da Revolução de 1930, bem como a ampliar o alcance das transformações econômicas do ciclo do café que ajudaram na criação do mercado interno, diferenciando-o dos anteriores ciclos da história econômica nacional: é a teoria keynesiana da demanda como núcleo do processo econômico capitalista que possibilita essa operação interpretativa.

Estrutura e conteúdos do livro

O livro alcança, do ponto de vista analítico, até a década de 1950; nem por isso é um livro datado, cujo poder explicativo se limite aos períodos que analisa. Com uma breve introdução, um esboço de interpretação da economia brasileira, se desenvolve em cinco partes, plano que obedece à cronologia da história econômica nacional; já há, aí, entretanto, uma reelaboração das fases e dos ciclos da economia nacional. A clássica divisão de períodos da história econômica brasileira em "ciclo do pau-brasil", "ciclo do açúcar", "ciclo do ouro" e "ciclo do café" não é declarada irrelevante mas redefinida, além, é claro, de ser completada com o ciclo da industrialização, a cuja especificidade Furtado dará brilho e clareza excepcionais.

A pretensão do livro é abranger toda a formação nacional, sua economia, sua sociedade, suas regiões, suas diversas formas de Estado, de governo e de regimes políticos. Tal como os clássicos modernos dos anos 1930, Furtado parte do núcleo colonial exitoso, a região produtora de açúcar, correspondente, hoje, ao Nordeste, explicando como essa forma uma periferia próxima e outra remota, a primeira em seu entorno nos sertões do Nordeste e a segunda a partir de Piratininga, hoje São Paulo, estendendo-se até o Rio Grande do Sul. Como sistemas autônomos, sem relação com a zona do açúcar, formam-se as economias e sociedades do Maranhão e mais remotamente da Amazônia, inicialmente estados separados da colônia brasileira. O núcleo do ouro, em torno da capita-

Formação econômica do Brasil 87

nia de Minas Gerais, é o elemento fundamental de articulação entre a região do açúcar e a periferia remota de Piratininga. A leitura de Furtado é sobretudo econômica, o que, em alguns casos, enviesa demasiadamente a interpretação, sem comprometê-la irremediavelmente. O leitor atento perceberá, evidentemente, que a leitura de Furtado beneficia-se da acumulação, da pesquisa histórica precedente sobre a colônia e o Império, o que lhe dá a possibilidade de intitular a quarta e a quinta partes de "economias de transição" em direção a processos e estruturas cujos resultados são conhecidos. Desse estrito ponto de vista, esse livro clássico não é, propriamente, um livro de pesquisa histórica, mas uma interpretação.

O texto, num total de 242 páginas na 25ª edição pela Cia. Editora Nacional em 1995, é estruturado em capítulos curtos, sínteses bem logradas da bibliografia e da informação utilizadas, sendo a quinta parte a que contém capítulos mais extensos. Há muitas notas de rodapé, indispensáveis para a confirmação da exposição feita no texto superior, além de citações, não em demasia, de textos em inglês e francês. Uma primeira leitura não requer, necessariamente, o domínio desses dois idiomas. A intenção didática é expressa, pois o autor tem como seu alvo principal o público universitário. Em geral, o texto não é exageradamente complicado, não exigindo, pois, especialização prévia. Aqui e ali, o auxílio de um bom dicionário de economia – *Novíssimo dicionário de economia*, de Paulo Sandroni*, é uma boa indicação para tanto – resolve os conceitos mais especializados, facilitando a leitura. Mas cuidado: já alguns capítulos da quarta parte e praticamente toda a quinta parte exigem leitura atenta, em virtude da sofisticação analítica detalhada de cada conjuntura, com a utilização de fontes, dados e elementos quantitativos, elaborada com os conceitos da economia e vazada nos seus jargões, num certo "economês"; nosso autor não é, propriamente, um estilista da língua. Um glossário dos termos técnicos exigiria algumas páginas a mais, o que pode ser suprido pela consulta ao dicionário de economia já citado.

A primeira parte, em sete capítulos, é dedicada a explicar a criação da colônia – a conquista, mais verdadeiramente – como um empreendi-

---

* 6ª ed. São Paulo, Best Seller, 1999.

mento típico da expansão comercial mercantilista da Europa ocidental, movimento no qual Portugal está imerso, que, para viabilizar-se enquanto tal, se transforma em uma empresa agrícola. Conhecidas as limitações iniciais do território, quando comparado com a Índia, a jóia da coroa portuguesa, estrutura-se assim a exploração colonial.

A forma de monopólio da metrópole sobre a colônia, típica, por outro lado, do próprio mercantilismo, isto é, a exclusividade das transações do novo território com a potência descobridora e colonizadora, não aparece como um atributo do caráter português, mas, ao contrário, deriva de uma estratégia que buscou não repetir o fracasso da colonização espanhola na América, que, como se assinala, jamais passou do estágio predador da extração de metais preciosos. Assim, Portugal decide-se por uma exploração agrícola, inaugurando, portanto, uma colonização que se pode chamar produtiva.

Há uma comparação com as colônias do Norte da América, trabalhando a diferença entre as chamadas "colônias de povoamento" (as colônias inglesas dos futuros Estados Unidos e a francesa, imediatamente também inglesa, do Canadá) e as "colônias de produção", das quais certamente a colônia brasileira e as das Antilhas, Cuba aí compreendida, são os exemplos e êxitos mais notáveis; essa distinção é de Paul Leroy-Beaulieu, um autor francês, citado na tese de doutorado de Furtado, presente também entre as citações de Gilberto Freyre em *Casa-grande & senzala* e de Caio Prado Jr. em *Formação do Brasil contemporâneo**, o que, de certa forma, unifica o tratamento que dão ao moderno fenômeno colonial. Há uma diferença notável: as colônias de produção ou de exploração são exitosas, e o êxito funda uma estrutura de produção escravista, muito concentrada em termos da propriedade da terra e das rendas produzidas. Esse êxito será, contraditoriamente, um dos maiores obstáculos futuros. Ao contrário, a colônia de povoamento, de que os Estados Unidos e o Canadá, assim como a Austrália e a Nova Zelândia, são exemplares, é um rotundo fracasso comercial. Mas, pelo próprio fracasso, do ponto de vista das metrópoles Inglaterra e França, as colô-

---

* Caio Prado Jr. et alii. 24ª ed. São Paulo, Brasiliense, 1996.

Formação econômica do Brasil   89

nias são abertas para a imigração européia, fundando-se estruturas sociais mais maleáveis, que contarão como trunfos no futuro: acesso mais fácil à terra, dando lugar à pequena propriedade; um espírito de iniciativa que não é atributo psicológico dos imigrantes, mas uma férrea necessidade, até mesmo porque a colônia de povoamento é um fracasso comercial. E o êxito tampouco depende inteiramente desses fatores, mas é o aproveitamento de uma brecha criada pela desarticulação da agricultura européia como resultado das guerras napoleônicas, de um lado, e, de outro, pelo abastecimento das colônias de exploração exitosas das Antilhas. Para que tudo não pareça uma história predeterminada desde as origens, vale a pena salientar que a visão contemporânea à época não acreditava no sucesso das "colônias de povoamento".

As próprias guerras napoleônicas são já o declínio da época colonial como expansão do mercantilismo. Um repique da forma colonial se dará ainda sobre a Ásia, com as novas colônias inglesas e francesas da Indochina e do extremo Oriente, no fim do século XVIII, e na repartição da África subsaariana e do sul da África, sobretudo no século XIX. Abre-se o ciclo das independências nas Américas, com a revolução norte-americana, à qual se seguem as outras independências nas Américas espanhola e portuguesa. Restarão Cuba, que somente se libertará da Espanha no fim do século XIX, as Antilhas/Caribe e as antigas Guianas, que somente experimentarão a libertação já no movimento geral do pós-guerra de 1945. O fim da etapa colonial, como o chamou Furtado, é entendido como fruto, também, da submissão de Portugal à Espanha, que assim perde para a Inglaterra a jóia de sua coroa imperial, a Índia. Comprimido nas tenazes das expansões de Inglaterra, França e Holanda, Portugal opta pela proteção inglesa com o Tratado de Methuen, com o que a economia luso-brasileira se transforma em dependência da Inglaterra, já que a ela foram concedidos privilégios comerciais e diplomáticos com a colônia brasileira. O novo ciclo do ouro no Brasil financiará a submissão de Portugal à Inglaterra. A independência brasileira será negociada nesse quadro.

Furtado circunscreve a primeira parte mais rigorosamente à colônia; os elementos da herança ibérica são aproveitados com grande economia.

90 Francisco de Oliveira

De fato, a primeira parte é uma espécie de abertura, *ouverture*, ária, que será tematizada e desdobrada nas segunda e terceira partes. A síntese da proposta interpretativa sobre a nova colônia é de que ela é o emblema de um subsistema que, nascido da própria expansão mercantilista, se transformará em condição fundamental para o êxito da expansão econômica da própria Europa. Furtado enfatiza os resultados do subsistema: o barateamento de todas as especiarias procedentes do Oriente – Índia como emblema – e o nascimento de uma nova agricultura, a agricultura tropical, cuja contribuição não pode sequer ser exagerada: tome-se o lugar central do milho na produção cerealífera mundial – o milho é americano – para aquilatar-se a revolução econômica produzida pelo empreendimento colonial.

A segunda parte, que se desenvolve em cinco capítulos, já é uma redefinição das fases da economia e uma "interpretação", tratando os séculos XVI e XVII como uma "economia escravista de agricultura tropical". Representa um esforço além, posto que aqui o centro dinâmico já é a produção de açúcar, e não mais o extrativismo; o elemento redefinidor em relação à historiografia brasileira clássica é a conjunção entre "escravismo e agricultura tropical", cujos termos não estavam ausentes da produção anterior, mas cuja conjunção renova e redefine o sentido da exploração e do ciclo açucareiro. A interpretação beneficia-se claramente do aporte keynesiano, já referido, ao estudar a capitalização e nível de renda na região açucareira (capítulo VIII) e os fluxos de renda e crescimento (capítulo IX). Furtado avança além de seus predecessores na história econômica da colônia e da nação ao conceder especial atenção ao que ele chamará "complexo econômico nordestino". Para o êxito da empresa agrícola, contribuirá a experiência portuguesa de produção do açúcar nos Açores, a presença do financiamento holandês para a fundação de engenhos e a solução encontrada para o problema da mão-de-obra, que, na quase impossibilidade da migração a partir do próprio Portugal e de outros lugares da Europa, terminará sendo o negro escravo trazido da África. A escravização do índio, que ocorreria inicialmente, é descartada em virtude da superioridade técnica do negro africano, além do que o comércio negreiro será, ele mesmo, de alta lucratividade e uma das estruturas fundamentais da colônia e dos interesses da metrópole portuguesa.

O financiamento por capitais holandeses, pelo lucro da atividade de comércio de escravos – a que Furtado não dá muita relevância – e pela reaplicação na atividade açucareira dos seus próprios lucros determinará, em grande medida, os fluxos da renda gerada. Além disso, a natureza escravista do trabalho fará com que não exista remuneração do trabalhador. Todos esses fatores, aliados ao controle das terras, que somente eram dadas pela coroa a quem tivesse cabedais – um termo do português arcaico para designar os recursos dos proprietários e nobres que investiram na exploração colonial –, e à alta lucratividade do negócio açucareiro, fazem da atividade uma forte geradora de rendas muito concentradas. O fluxo monetário interno é fraquíssimo, mas o direcionamento para fora dos resultados da exploração açucareira é fortíssimo. Do lucro, os proprietários tirarão seu próprio consumo, na sua maior parte constituído de mercadorias importadas da metrópole.

A ampliação da atividade açucareira dependia inteiramente da demanda ou procura externa, à qual os proprietários respondiam com acrescentada compra de escravos e de algum equipamento, moendas, instrumentos de trabalho para artesãos e escravos, equipamentos mais ou menos rudes para obtenção do açúcar, etc. Na retração, isto é, queda de preços e/ou de procura na Europa, os engenhos recolhiam-se sobre si mesmos, não desempregando o escravo – que era propriedade, equivalente, portanto, a um equipamento. Tratava-se de uma estrutura plástica, apta a crescer e a resistir às crises. Essa será sua força e sua fraqueza ao longo dos séculos.

Sendo praticamente unidade altamente especializada na produção de açúcar, o típico engenho necessita, porém, de animais de tiro para transporte da cana para o engenho e do açúcar para o porto, e como força motriz das moendas. Isso dá lugar à criação da periferia em torno da região açucareira, que se projeta, assim, para os sertões do Nordeste, penetrando para o Ceará, o Piauí e os altos sertões da Bahia. Terras pobres, por isso de fácil acesso, utilização de mão-de-obra em muito pequena escala e assim mesmo em caráter praticamente servil, sem pagamento de salários, baixas produtividade e lucratividade, eis o esquema da pecuária nordestina. A economia pecuária não concorria em nada com a economia do açúcar, sendo-lhe, muito pelo contrário, complementar e dependente. Sua reprodução em progressão aritmética – pois o incremento da produtividade era quase nulo – dava-se como produto da decadência do açúcar, até chegar ao ponto de uma quase autonomia, no longo prazo, o que responde pela vasta ocupação das terras interiores.

Formou-se, assim, o que o autor chama "complexo econômico nordestino". Um setor exportador de alta lucratividade e elevadíssima concentração da propriedade e das rendas, sustentado sobre o trabalho escravo, em articulação com um setor de subsistência de baixa produtividade e baixos lucros, que se baseou num trabalho servil, não escravo mas tampouco livre no sentido sociológico do termo. É esse complexo, uma vez mais, força e fraqueza, que Furtado chamou de "dual", que marcará definitivamente o Nordeste até nossos dias. A propósito, a concepção de desenvolvimento para o Nordeste, que dá lugar à criação da Sudene pelo presidente Juscelino Kubitschek em 1959, é inteiramente calcada na interpretação do "complexo econômico nordestino". Não por acaso, Celso Furtado foi o formulador desse projeto para o Nordeste e o primeiro superintendente da nova instituição, até 1964, quando a ditadura militar o afasta e cassa seus direitos políticos.

A terceira e mais curta parte do livro, com apenas três capítulos, trata do deslocamento do centro dinâmico da economia colonial para a região aurífera, que teve Minas Gerais como epicentro. Seu tratamento em separado deve-se ao destaque que Furtado concede ao chamado "ciclo do ouro", aproveitando as sugestões de historiadores da economia colonial que o precederam, dessa vez enfatizando o papel articulador desse deslocamento na estruturação das economias meridionais do Brasil, até então pouco mais que preadoras e predadoras de índios. A influência desse deslocamento estende-se até o mais remoto sul: ficará explícita a ligação entre a produção de charque no Rio Grande do Sul, a produção de mulas para o transporte, seu itinerário pela então comarca do Paraná – criando economias de manutenção e trânsito da mercadoria transportadora –, e a região do ouro. Importante nessa parte é a demonstração da formação de

Formação econômica do Brasil   93

uma extensa área de subsistência, que Furtado faz derivar da regressão econômica do ouro, assentando as bases do que será a economia do *hinterland* mineiro e do Centro-Oeste. Furtado segue, nesse passo, sugestões de Caio Prado Jr. em sua obra de referência. Percebe-se como, nessa construção, estão, historicamente, assentadas as bases para a interpretação teórica do dualismo cepalino, que já é, em *Formação*, uma típica construção de Furtado e que marcará notavelmente a produção teórica nas ciências sociais no Brasil, influindo também poderosamente sobre as perspectivas políticas que se derivam do dualismo.

O ouro promoverá um fenômeno demográfico da maior importância, com migração espontânea de Portugal, pela primeira vez na história da colônia, e deslocamentos das reservas de escravos da região açucareira em decadência. Os homens livres de Piratininga também acodem. Há indicações de que a população de origem européia se multiplicou por dez. O papel dos homens livres também é importante, pois de sua iniciativa dependerá a própria descoberta de novos jazimentos e sua exploração. Embora fundada no trabalho escravo, outra era a organização da produção, em pequena escala adequada às necessidades da exploração.

Será uma atividade de baixa capitalização, isto é, pouquíssima exigência de máquinas, instrumentos e processos mais exigentes, com alta lucratividade e altíssima mobilidade espacial. Além disso, projetará suas necessidades de alimento e animais de transporte, criando a periferia da economia de subsistência em Minas e ativando as economias ao sul da capitania aurífera, desde a feira de mulas de Sorocaba, em São Paulo, até a capitania do Rio Grande do Sul.

O ciclo do ouro foi muito rápido: em menos de cinqüenta anos, contados desde a efetiva exploração, começou e acabou. Deu lugar, entretanto, a uma sociedade menos rica que a gestada no engenho de açúcar do Nordeste, mas com a riqueza menos concentrada, devido às características da exploração e ao lugar do homem livre nela. Revelou-se, entretanto, muito rapidamente, insustentável, seja pelo rápido esgotamento dos jazimentos – na verdade, em sua maior parte, ouro de aluvião –, seja porque não se desdobrou em outras atividades, como a manufatura metalúrgica, por exemplo. Contraditoriamente, como já se assinalou antes – é o autor em questão que acentua esse aspecto –, a emergência do ouro no Brasil financiou a dependência portuguesa em relação à Inglaterra e foi – não propositalmente – um elemento anulador da manufatura em Portugal, pagando as contas portuguesas na sua relação comercial com os ingleses. Em seu declínio – a Inconfidência Mineira é um doloroso episódio do declínio e não do auge – deixará a economia de subsistência de Minas, que formará parte do setor "atrasado" da economia brasileira, tanto quanto a parte equivalente do Nordeste.

A quarta é a mais alentada parte do livro, com quatorze capítulos. O crescimento exponencial do café, outro deslocamento do centro dinâmico da economia, rompido, com a independência, o estatuto colonial, é o fulcro da exposição. Não sem antes Furtado integrar a breve explosão da economia do Maranhão, no vazio da produção mundial de algodão provocado pelas guerras de independência das treze colônias inglesas contra a Inglaterra, no fim do século XVIII, como parte do fim da época colonial. O Maranhão solucionará o problema da mão-de-obra também pelo escravismo dos negros africanos, em tal escala e intensidade que fez de São Luís, sua capital, a cidade mais negra do Brasil, que muitos pensam ser Salvador. Pode-se ver aqui, num panorama que tem o tom épico da paleta dos muralistas mexicanos da escola de Diego De Rivera, o movimento mundial da primeira grande descolonização: a independência dos Estados Unidos articulada com as independências da América Latina, não apenas pela elaboração de uma ideologia libertária, mas pelas relações estabelecidas, e sua crise, com a economia das metrópoles. A economia maranhense somente voltará a conhecer um enorme e rápido auge econômico na segunda metade do século XIX, de novo como resultado da queda da produção de algodão, provocada pela Guerra de Secessão nos Estados Unidos já independentes.

A expansão do café é imediatamente ligada às formas do trabalho escravo, à sua incapacidade de oferta, ao crescimento do custo do trabalho escravo, pelo incremento do custo social do controle diante da crescente rebelião dos escravos. O trabalho livre surge como alternativa, e o deslocamento do centro dinâmico de fato está ligado à resolução do problema do trabalho. Apesar de decadente, o sistema escravocrata em Minas Gerais e no Nordeste ainda detém enorme capacidade de reter seus excedentes da mercadoria escrava e, por esse obstáculo, o centro dinâmico via embotada sua capacidade de crescimento. Ao mesmo tempo, Furtado concede toda centralidade à geração de renda que a economia cafeicultora propiciava, a qual, como forma de resolução da questão do trabalho, elaborava uma divisão social do trabalho mais rica e mais diversificada do que haviam sido as anteriores economias do açúcar e do ouro fundadas no trabalho escravo. A influência de Keynes é elaborada por Celso Furtado dando centralidade à demanda, seja a do trabalho, seja aquela propiciada pelo fluxo de renda gerado pela economia cafeicultora. Uma vez mais, está já em ação teórica, tensionando-se com as soluções históricas, a construção do dual-estruturalismo cepalino-furtadiano: a economia do café será o fundamento do setor moderno, enquanto as economias de subsistência de Minas e do Nordeste, e o resto da economia açucareira também em regressão, funcionarão como o setor arcaico ou atrasado. Além disso, essa especial construção econômica deslizava em direção a um permanente desequilíbrio externo, tanto por ingressar na divisão internacional do trabalho da fase pós-colonial, com sua dualidade de produtores de matérias-primas (a periferia) e produtores de manufaturas (o centro), quanto porque a específica articulação interna da economia nacional entre setor moderno e setor atrasado impedia ao primeiro a internalização de um setor de produção de bens de capital. São as bases teórico-históricas para a emergência do padrão de relações centro–periferia e a constituição do subdesenvolvimento como formação histórica singular, e não uma fase do desenvolvimento capitalista primitivo em direção à maturidade.

Embora acentue sempre a explicação econômica dos eventos e processos mais estruturantes, concede-se aqui uma certa centralidade à política, no capítulo da independência brasileira. A solução dinástica de independência com a casa de Bragança, na pessoa de dom Pedro I, como já se assinalou, representou a herança, pelo novo país, do estatuto de dependência e simples projeção econômica da Inglaterra, que continuou com seus privilégios até o final da primeira metade do século XIX.

O abalo da estrutura colonial e a estagnação econômica de longo prazo, desde o fim do ciclo do ouro, deram lugar, na interpretação de Celso Furtado, às chamadas revoltas regionais, que explodem do Pará ao Rio Grande do Sul, sendo esta, provavelmente, a mais socialmente ancorada, nas classes da então província sulista. Há outras interpretações que, ao contrário da de Furtado, dão relevo ao caráter liberal de verdadeiras revoluções que, de certa forma, foram as chances perdidas de transformações sociais e políticas. Nosso autor, desse ponto de vista, alinha-se com os partidários da tese de que o esmagamento das revoluções regionais preservou a unidade nacional, grande trunfo para uma economia moderna. O controle político ficará em mãos da classe proprietária agrícola, que definirá um perfil conservador para a política econômica da nascente nação. A exploração do café estará nas mãos dessa classe proprietária, reforçando seu domínio.

Faz-se uma nova parada, para uma nova comparação histórica com os Estados Unidos da América do Norte. Essa comparação é recurso metodológico indispensável para, estabelecendo as similitudes e diferenças, chegar a conhecer a conexão de sentidos da ação social, nos dois casos. É, no fundo, a construção de tipos ideais, na perspectiva teórica elaborada por Max Weber, influência já anotada no trabalho de Celso Furtado.

Seguindo essa metodologia, estabelece-se que as duas colônias, a brasileira e a norte-americana, partiram quase do mesmo ponto, posto que ambas eram dependentes de suas metrópoles e foram criadas no ciclo expansivo do capitalismo mercantil. Será a dinâmica de cada uma que responderá pelas diferenças. Num caso, uma colônia exitosa, a de exploração no Brasil; noutro, uma colônia fracassada, a de povoamento nos Estados Unidos da América do Norte. Nesta, o fracasso comercial a ligará como uma extensão da economia da Europa; noutra, a brasileira, o êxito é sinal de que a colônia é uma projeção da economia européia, vale dizer, apenas uma fonte de recursos, cuja estrutura é fundamentalmente diferente da européia. Toda vez que tais recursos se esgotam, como no caso do ouro e outros metais e minerais preciosos, a colônia regride. Mesmo quando se trata de "exploração", o simples deslocamento da produção para outras áreas, como no caso do açúcar, migrando do Nordeste para as Antilhas, deixa uma estrutura diferente, que entra em regressão. A África do Sul, ainda hoje líder mundial da produção de ouro e diamantes, pode ilustrar a pertinência da reflexão sobre as colônias de "exploração": inicialmente uma colônia de povoamento, a república sul-africana converte-se em "de exploração" pela descoberta do ouro e dos diamantes, à base também do trabalho escravo e servil, desembocando tragicamente no *apartheid*, somente revogado pela ação dos negros organizados no Conselho Nacional Africano liderado por Nelson Mandela.

Remando contra a corrente predominante na interpretação da dinâmica econômica, social e política dos Estados Unidos, que vê na iniciativa privada seu agente motor por excelência, mitologizada pela ideologia liberal norte-americana, Furtado aponta para a decisiva ação do Estado norte-americano, consolidando e ampliando as chances oferecidas pelo caráter de extensão da economia européia. O herói furtadiano é Alexander Hamilton, o célebre secretário do Tesouro dos Estados Unidos na presidência de Washington e ele mesmo posteriormente presidente, cuja política protecionista impede o esmagamento da florescente economia pelo falado livre comércio, impondo tarifas alfandegárias intransponíveis e manejando o crédito bancário de forma ostensivamente estimuladora. Hamilton teria, segundo Furtado, bem interpretado Adam Smith, o clássico escocês da economia política. O segredo da "riqueza das nações" – o título do célebre livro em inglês é *The Wealth of Nations** – seria criar as condições institucionais e legais para proteger os empresários, a nova classe social burguesa, e não aderir acriticamente aos postulados do livre comércio. O visconde de Cairu, o primeiro intérprete brasileiro do célebre economista escocês, teria, segundo Furtado, interpretado Smith ao pé da letra. Veja-se bem: Furtado não nega o papel central do empresário, da livre iniciativa, no desenvolvimento dos Estados Unidos; aliás, esse traço distintivo da estrutura social norte-americana será decisivo para seu desenvolvimento. O que Furtado faz é uma operação antiidealista, isto é, o empresário privado utilizando seu novo poder para

---

* *A riqueza das nações*. vols. 1 e 2. Lisboa, Calouste Gulbekian, 1999.

criar as instituições de seu interesse, e não uma abstrata e a-histórica figura aderindo, sem interesses, à liberdade de comerciar.

O específico da expansão do café e da nova economia por ela instaurada, em direção ao trabalho assalariado, será a forma pela qual é resolvido o problema da mão-de-obra. Disso decorrerá, em primeiro lugar, a existência de uma economia monetária, isto é, uma economia em que o pagamento das remunerações do trabalho se dá em moeda e não em espécie. Disso decorrerá a formação de um fluxo de renda, isto é, de remunerações de proprietários e trabalhadores, diferente do até então experimentado pela economia brasileira em formação. Esgotadas as possibilidades de utilização das reservas escravistas, virtualmente disponíveis pela decadência do ouro e da região açucareira, que a região do café utiliza em primeira instância, a questão da mão-de-obra encontrará resolução pela migração de europeus dos lugares onde a própria reestruturação européia estava liberando força de trabalho. Será a Itália essa principal fonte, dado o processo de unificação do Estado italiano, tardio em relação a outras nações européias. Vale dizer, antes, o que é específico do "modelo" furtadiano, que a economia de subsistência em crescimento, pela decadência já apontada, é que, de fato, concorre com a nova atividade.

A imigração utilizará o mesmo mecanismo adotado nas colônias de povoamento, isto é, uma espécie de "servidão temporária", durante a qual o imigrante pagará a passagem, e depois disso o pagamento monetário será expressivo, constituindo o embrião do mercado interno. O "colono", essa nova figura da estrutura social, também receberá um pedaço de terra para culturas de subsistência, transitoriamente. Além disso, como na experiência norte-americana, a ação do Estado será decisiva: inicialmente a província de São Paulo, e depois o império, financiarão parte da imigração, como política deliberada para resolver a chamada escassez de mão-de-obra. O Estado italiano, de outro lado, reforçará o financiamento da migração de seus cidadãos, para aliviar as tensões sociais e políticas internas.

O acesso à terra, também financiado em parte – o caso de vendas de lotes agrícolas no norte paranaense já em pleno século XX marcará o apogeu dessa forma –, constituirá um novo mercado, do qual participa o imigrante europeu. Essa nova forma de trabalho e uma nova formação da propriedade definirão a estrutura social e de trocas na região em expansão, com rendas monetárias como a nova forma geral, dando lugar a um mercado interno mais diversificado, em cujo interior as trocas se intensificarão. A diferença do fluxo de rendas é decisiva: no trabalho assalariado, a remuneração do trabalho transforma-se em compra de bens e mercadorias, em consumo, o qual, por sua vez, dá lugar à formação de novos negócios para atender ao consumo. A remuneração dos proprietários segue caminho paralelo: uma certa porcentagem é também gasta em consumo, e a maior parte o proprietário-empresário destina a aumentar sua empresa, seu negócio, mas agora sob a forma de compra de outros fatores de produção, terra, equipamentos (ainda que precários, no caso do café). Pagam-se empréstimos a bancos e empresas vendedoras de terras, e o sistema de transporte é modificado para atender à movimentação de um maior volume de mercadorias. É a vez do transporte ferroviário. Está criada a nova economia, assentada, agora, no trabalho assalariado, que transitará do campo para a cidade.

A liquidação do trabalho escravo é determinada, em última instância, pela dinâmica da economia do café. Ao mesmo tempo, as formas resistentes, tanto da manutenção do trabalho escravo quanto de sua decadência e de sua transformação em economias de subsistência, permanecerão embotando o crescimento das outras regiões, nascendo daí a "questão regional" brasileira, sobretudo na forma do distanciamento entre as regiões, de que o Nordeste constituirá o caso clássico, parente do "irlandês" e do *mezzogiorno* italiano.

Tal economia, entretanto, apresentava, intrinsecamente, uma permanente tendência ao desequilíbrio externo, vale dizer, dava lugar a problemas nas contas externas do país com outras nações. Esse problema se apresentava, em primeiro lugar, pelo fato de que a tendência a importar mais do que se exportava se impunha até mesmo para continuar crescendo, importando bens de capital e bens de consumo não produzidos aqui e, em segundo, porque os preços internacionais podiam desabar de repente, sem possibilidade de cortar-se imediatamente a produção para exportação e as importações já contratadas. E também pelos empréstimos e investimentos estrangeiros que se faziam necessários. A massa gigantesca das exportações de café, que chegou a ser a primeira mercadoria do comércio internacional, obrigava à manutenção de enormes reservas em ouro ou em divisas estrangeiras para atender aos requisitos da regulação do comércio internacional pelo padrão-ouro. Esse regulador obrigava a contrações e expansões dos meios circulantes que podiam ser severas, dependendo da importância da exportação na economia. Era esse o caso do café, que chegou, no auge, a representar mais de 70% do total de exportações brasileiras. Com uma demanda que dependia do exterior, a economia nacional não podia controlar, autonomamente, suas próprias necessidades de dinheiro externo – ouro e divisas – e interno, a moeda nacional.

Essa tendência levou a outra: a de uma quase permanente tensão para elevação dos preços internos, ou ao descompasso entre a oferta real de bens externos, importados, e o total da procura interna, também real, posto que se haviam feito pagamentos a proprietários e trabalhadores por uma produção que podia não ser vendida; a circulação monetária interna, expandida para pagar os chamados fatores da produção, não se retraía imediatamente quando uma crise externa aparecia. Esta será a chamada teoria estrutural da inflação, uma fatura teórica da Cepal e, entre nós, de Celso Furtado, que iluminará as opções de política econômica e política monetária no Brasil durante décadas.

A última parte do livro, com seus sete capítulos, é magistral; mas, como já se advertiu, é também a mais difícil para o leitor não-especializado, porque está inteiramente elaborada em linguagem técnica e o andamento de sua fatura não deixa espaço para explicações não-técnicas. Nela, entretanto, os resultados da longa gestação do subdesenvolvimento explodem num fortíssimo claro-escuro pictoricamente flamengo, em que as potencialidades da economia são as causas de sua crise, em que é o mecanismo de crescimento o responsável pelo estancamento. Essa parte está inteiramente imersa na dinâmica do capitalismo mundial, então na sua mais grave, abrangente e profunda crise, a Grande Depressão da década de 1930. É notável em Furtado, seguindo as pistas de Caio Prado Jr. e de Roberto

Simonsen, a elaboração da expansão interna permanentemente em tensão com os centros dinâmicos do capitalismo mundial, recusando-se, entretanto, a perfilar a tese de forças internas passivas e reflexas do centro; ao contrário, o que o claro-escuro mostra são as opções de classes internas em conflito com as determinações de ordem externa.

Diante dos problemas de retração da demanda externa, seja pela redução das quantidades, seja pela redução dos preços internacionais, as classes dominantes do café e suas expressões políticas começaram a realizar o que passou a ser chamado "política de valorização", isto é, a defesa da produção e dos preços, o que levou à armazenagem de café, permanecendo o pagamento aos produtores e trabalhadores. Nos termos do autor, defendeu-se o emprego interno, o que, em uma economia de trabalho assalariado, significa defender a renda. Essa operação, entretanto, gasta dinheiro para ser feita, o que outra vez desatava a necessidade de empréstimos internacionais para sustentar os preços, o emprego e a renda. Esse verdadeiro "nó górdio" é cortado pela Grande Depressão de 1929, que, de uma vez, derruba demanda e preços e promove uma fuga de capitais estrangeiros do Brasil para os centros internacionais, sobretudo para os Estados Unidos. Não dá mais para sustentar o armazenamento, que custa muito, e a resolução é a da queima pura e simples dos estoques, mantendo-se o pagamento a produtores e trabalhadores, mas economizando gastos do governo e cortando a tendência à superprodução e à pressão que o próprio armazenamento fazia sobre os preços internacionais, deprimindo-os ainda mais.

O capítulo XXXI, "Os mecanismos de defesa e a crise de 1929", e o XXXII, "Deslocamento do centro dinâmico", são de uma resolução primorosa. Neles, Furtado mostra como as classes sociais internas, buscando defender seus interesses, a defesa do café, de seus preços e da renda interna gerada, transformam a ousada façanha de queima dos estoques, ordenada e executada pelo governo federal na presidência provisória de Getúlio Vargas, num movimento de transformação em direção à industrialização. São os interesses jogando seu papel: como diria Marx, os homens fazendo a história, nem sempre sabendo por que a fazem, nem em que direção a desenvolvem. É um brilhante *grand finale* para esse magnífico livro, que impregnará o vasto campo da economia e das ciências sociais no Brasil e na América Latina, tornando-se o paradigma de uma geração de pesquisadores e formuladores de política no continente.

Os capítulos finais dessa parte constituem, de um lado, a explicitação dos problemas que a industrialização da periferia exacerba – tendência ao desequilíbrio externo, tensão inflacionária, concentração da renda e aumento das desigualdades regionais –, tentando sair da "camisa-de-força" da produção de matérias-primas e bens primários, e, de outro, o "programa" de Furtado para prosseguir na industrialização, na resolução da questão regional do Nordeste, da questão agrária, da distribuição da renda, escapando das armadilhas da relação centro-periferia, que não havia desaparecido, apenas se redefinido de outra forma. É a proposição de um desenvolvimento capitalista nacional autônomo, em que a economia é a via para encontrar os caminhos da nação. Fica, para além de qualquer previsão ou vontade não-realizada (o que, nas ciências sociais, não é prova de fracasso, mas da natureza mais íntima da ciência social enquanto social), a construção do conceito de subdesenvolvimento, uma verdadeira e original contribuição do pensamento latino-americano – do qual Celso Furtado é um dos grandes próceres – às ciências humanas universais.

O uso do fecundo método, tensionando teoria e história, havia dado seus frutos e, como no Evangelho, eles eram bons.

CELEBRAÇÃO DA DERROTA
E SAUDADE DO FUTURO*

A Superintendência de Desenvolvimento do Nordeste (Sudene) celebra quarenta anos de sua criação, junto com os 80 anos de seu criador, o economista Celso Furtado. Ainda que na escala da história humana o período de existência da instituição se meça por alguns centímetros, na escala das pessoas o período de vida de seu criador já é relevante na história dos que moldaram o Brasil de nossos dias; Furtado é, certamente, um dos demiurgos do Brasil moderno, tomando de empréstimo uma expressão de Antonio Candido, também demiurgo da história literária brasileira.

Poderíamos mesmo considerar que, na escala da história de nosso país, a vida breve dessa instituição pudesse ser medida em séculos, tal a revolução que teria sido promovida, pelo seu êxito, nos costumes políticos nacionais, na introdução da política no lugar do clientelismo e da politicagem e na mudança das velhas estruturas agrárias decadentes e corrompidas por uma nova economia e uma nova sociedade. Uma nova Federação e uma nova República poderiam ter surgido, por entre os

---

* Texto integrante do seminário internacional "Celso Furtado, a Sudene e o futuro do Nordeste", ocorrido em Recife, em 2000.

escombros dos desastres federativos e republicanos de que a própria criação da Sudene marcava a urgência urgentíssima.

Furtado, aliás, é considerado, mui justamente, o economista brasileiro mais importante e influente, desde que a ciência econômica deixou de ser um exercício ornamental e secundário de saberes acumulados noutros campos, como o do direito e o da engenharia. Mas não é praxe considerá-lo o cientista político de maior envergadura na rica plêiade que se produziu no Brasil, desde os dias em que os autoritários clássicos – Oliveira Vianna, Alberto Torres, Camilo Pena, Francisco Campos, entre outros – hegemonizavam o pensamento e a proposição de políticas, nos fins dos anos 1940. Creio que o diagnóstico e a proposição da Sudene autorizam-nos a ampliar o alcance da teorização de Furtado para o campo da política, inscrevendo-o muito para além de sua importância como economista. Aliás, não fosse a compartimentalização de saberes sob critérios profissionalizantes, não seria necessário mais que o nomear como o economista político brasileiro e talvez latino-americano mais importante de nosso tempo.

O diagnóstico da situação do Nordeste realizado por Furtado no célebre documento que, sem levar sua assinatura, é inegavelmente de sua autoria, assinala, precisamente, a inviabilidade da Federação sob condições de extrema concentração da riqueza no Centro-Sul – expressão que ele cunhou, melhor que simplesmente Sudeste –, com uma acentuada polarização entre a região em desenvolvimento e o Nordeste, mergulhado numa longa letargia que vinha desde os tempos da última grande fase de crescimento, quando dos engenhos centrais estruturaram-se as usinas e em sincronia com estas as grandes indústrias têxteis. Mais que isso: a agudização das distâncias não era, apenas, produto do passado da expansão do café, mas, a partir dessa herança, potencializada precisamente pelo crescimento industrial sob Vargas e Kubitschek. Com argúcia – e alguma infelicidade, de meu ponto de vista – Furtado assinalou o risco de um conflito federativo, ancorado numa surda luta no novel mercado de trabalho que se constituía precisamente pela industrialização, na medida em que a migração de trabalhadores nordestinos – mas também de Minas, que ele não incluiu na sua análise – instalava uma dura competição com os trabalhadores do próprio Centro-Sul, rebaixando o nível da taxa de salários. A meu ver, Furtado atirou no que viu e matou o que não viu: a clássica competição entre trabalhadores, promovida pelo capital, magistralmente analisada por Marx – foi transformada numa estranha luta de classes entre trabalhadores. Aqui escapou ao nosso demiurgo o caráter "prussiano" de nossa industrialização, indelevelmente expressa na própria tutela do Estado sobre os sindicatos. Mas o que permanecia correto na análise furtadiana era o risco do conflito federativo.

De outro lado, a proposição da Sudene foi, depois da própria proclamação da República, a única e solitária iniciativa de reforma e fortalecimento da Federação. Antecipando uma teorização que somente veio a produzir-se nos anos 1970, Furtado propôs uma reformulação da Federação nos moldes de um federalismo regional cooperativo. O Conselho da Sudene expressava essa proposição: formado por representantes de todos os Estados e dos organismos federais com atuação na Região, esse organismo deveria funcionar como uma espécie de síntese da Câmara de Deputados e do Senado da República, realizando simultaneamente a representação do povo e a representação dos Estados. Num subnível que lhe permitia articular, eficaz e não competitivamente, os recursos federais com os estaduais e sua utilização numa forma que tinha tudo para anular o jogo de soma-zero, clássico da disputa por recursos na federação oligárquica.

No plano da República, a inovação proposta por Furtado repousava no próprio planejamento, concebido como ética de valores, ao mesmo tempo que o federalismo cooperativo representava a ética de responsabilidade. A luta contra a corrupção desbragada no Dnocs, cuja atuação na seca de 1958, aliás, chamou a atenção das Forças Armadas e influenciou poderosamente o presidente Kubitschek na criação da Sudene, e, posteriormente, a rigorosa avaliação e subseqüente indenização paga pela Sudene às vítimas do arrombamento do célebre açude Orós, no Ceará – pequenos proprietários e moradores dos humildes casebres na rota da avalanche –, caso nunca visto nem antes nem depois nesta República, constituíram uma revolução até hoje não ultrapassada. O esquema aqui sugerido é nitidamente weberiano e mannheiminiano, influências reconhecidas por Furtado como as mais importantes na sua perspectiva científico-ética; essas contribuições, aliás, salvaram Furtado da tentação autoritária, patente em muitas concepções de planejamento e moeda corriqueira nas trágicas experiências nazistas e soviéticas. Esse aspecto já foi salientado por Maria Eugênia Guimarães, em sua tese de doutorado *A utopia da razão*[1]. Eu acrescentaria, teimosamente, a sutil influência de Marx, no plano teórico, embora, evidentemente, o barbudo de Tiers nada tivesse que ver com as proposições de ação furtadianas. Ainda que sem ironia, mas com amargura, esta a que estamos assistindo hoje e de que estamos participando é, entretanto, a celebração de uma derrota. A derrota do projeto renovador, a derrota das esperanças, a derrota de milhares de vidas que se jogaram na tentativa, no "assalto aos céus", como diria Marx, de erradicarem para sempre os estigmas da desolação, do desespero, da miséria, do desencanto da vida nas "áridas charnecas" do Nordeste, parafraseando um poeta do Recife, Carlos Pena Filho. Talvez o grande romancista do Nordeste seja Juan Rulfo, o celebrado novelista mexicano autor de *Pedro Páramo**, publicado em 1955, que, como nenhum outro clássico latino-americano, viu a desolação do latifúndio, das vidas fantasmais rodando em círculos em torno de suas almas desperdiçadas. "Vine a Comala [...]", a frase inicial da grande novela rulfiana, é como dizer no Nordeste de hoje: Vim ao Recife e só vejo desolação. Há quarenta anos, Celso Furtado era a razão entrando nos sertões infernais do latifúndio e, como o personagem de Rulfo, só viu desolação.

Este seminário é de choro, falsamente engalanado com os números dos projetos aprovados, das iniciativas tomadas, dos investimentos implantados. Mas é da nostalgia benjaminiana que se trata: a das oportunidades perdidas, do que poderia ter sido e que não foi, a da chance da história que passou e que não volta mais. É como se o Anjo da História contemplasse esses quarenta anos e só visse os destroços acumulados das possibilidades perdidas metamorfoseados nos projetos aprovados, nos

---

[1] Departamento de Sociologia da Faculdade de Filosofia, Letras e Ciências Humanas da Universidade de São Paulo, 1999.

* Juan Rulfo. *Pedro Páramo*. São Paulo, Paz e Terra, 2000.

investimentos aplicados. Por que esses projetos aprovados e esses investimentos aplicados estão no lugar do que deveria ter sido: da reforma agrária que não se fez, dos trabalhadores que perderam o emprego, dos talentos que feneceram, da liberdade que não se conseguiu.

Do edifício Teresa Cristina a este edifício – que não freqüentaram –, imponência do fracasso, ressoam os passos de Mário Magalhães da Silveira, Jorge Furtado, Osmário Lacet, Jader de Andrade, Nailton Santos, Estevam Strauss e de tantos outros que se juntaram à empreitada histórica liderada por Celso Furtado, num Exército de Brancaleone a desafiar os poderosos barões-ladrões do açúcar e os implacáveis e covardes chefes do latifúndio. Cobram o futuro, para não permanecerem, à imagem rulfiana, rodando em círculos perseguindo suas vidas desperdiçadas. Juntamo-nos nós, os que ficamos, mesmo se já não estamos aqui, eu mesmo, Luiz Vasconcelos, Genibal Barbosa, José Medeiros, David Kitover, Alvarino Pereira, José Boissy, com os que aqui permaneceram, lutando a luta inglória de ver desnaturada a instituição que ajudaram a criar. Juntam-se às novas gerações, que já se cansaram de ver os rostos amargurados da antiga geração, no lugar onde só há choro e ranger de dentes. Pedem-lhe, doutor Celso Furtado, que os lidere novamente, qual um novo dom Sebastião. E lhe dizem que nunca houve a batalha fatal, que foi apenas um pesadelo, que a história é feita de derrotas e que a derrota das derrotas é essa celebração. Porque a celebração dos derrotados é a derrota dos vencedores. Porque a celebração dos derrotados vergasta a vitória dos vencedores com o amargor da incompletude, da falsificação, da desolação. Estamos prontos, novamente, doutor Celso Furtado. Com nossa precariedade, com nossa mágoa pelo tempo perdido, com nosso nordestinismo de nordestinados, com nossa ética federalista e republicana, de que o senhor é o emblema maior da República Nordestina da Nostalgia e do Futuro. As vidas vividas não foram desperdiçadas: elas prepararam o futuro, no solo árido da desolação do presente.

SUBDESENVOLVIMENTO
fênix ou extinção?*

Uma elaboração original

Apesar de todos os possíveis predecessores que possam ser apontados como inspiradores da teorização cepalina do subdesenvolvimento, de que Celso Furtado é um dos fautores, há poucas dúvidas de que o conceito do subdesenvolvimento como uma formação singular do capitalismo – e não como um elo na cadeia do seqüenciamento que vai do não-desenvolvido ao desenvolvido – é uma criação cuja densidade e cujo poder heurístico explicativo da especificidade da periferia latino-americana só foram plenamente alcançados com os trabalhos da Cepal e sua mais abrangente e aprofundada elaboração pelo nosso homenageado. Além das influências teóricas localizadas a partir da bibliografia de que se serviu, Furtado reconheceu explicitamente no seu conhecido quarteto memorialístico os autores que mais o influençiaram. Haveria que acrescentar, talvez, os nomes de Hans Singer, de Paul Rosenstein-Rodan e de W. Arthur Lewis; os dois primeiros, em seus estudos para a Comissão

---

* Capítulo da obra *Celso Furtado e o Brasil*, organizada por Maria da Conceição Tavares. São Paulo, Fundação Perseu Abramo, 2000.

Econômica das Nações Unidas para a Europa – que logo se extinguiu com a reconstrução –, pela primeira vez utilizaram o termo "subdesenvolvido" referindo-se à Espanha, a Portugal e à Grécia, e o terceiro em seu clássico trabalho sobre a formação dual da economia em países com oferta elástica de mão-de-obra. Na acepção de Singer e Rosenstein-Rodan, o subdesenvolvimento seria uma etapa do desenvolvimento, o que a Cepal rejeitará.

A economia clássica não formulou, propriamente, uma teoria do desenvolvimento capitalista, embora suas matrizes possam ser reconhecidas no interior dos clássicos. Marx dispõe de uma teoria do desenvolvimento, mas a influência da obra marxiana no pensamento sobre as origens das desigualdades de ritmo e de aceleração que marca a história do capitalismo não chegou a ser importante, depois da derrota da socialdemocracia nos anos 1930. A hegemonia da III Internacional produziu a conhecida "teoria" das etapas, sustentada por Stalin, com o que a capacidade interpretativa do marxismo sumiu pelo ralo. Trotski, mais insistentemente, e Lenin, de forma menos acentuada, colocaram o acento no desenvolvimento desigual e combinado do capitalismo como sistema, mas a elaboração marxista posterior esqueceu-se dessa originalidade e esteve sempre subordinada, na teoria e na prática do movimento comunista internacional, ao etapismo de Stalin. Lenin mesmo produziu o *O desenvolvimento do capitalismo na Rússia**, obra esquecida que, a rigor, pode ser considerada a inauguradora dos estudos concretos em torno de uma formação capitalista periférica, que influiu nas estratégias políticas bolcheviques a partir das especificidades do capitalismo russo. De todo modo, essa obra não inspirou nada muito eficaz, teórica e praticamente, no campo marxista, que seguiu abraçando, para propósitos políticos, o etapismo stalinista.

A economia neoclássica-marginalista, hegemônica desde o final do século XIX, tampouco elaborou qualquer teoria do desenvolvimento, façanha praticamente impossível com o absoluto reinado de teorias do equilíbrio. No máximo, difundiu amplamente a teoria ricardiana do comércio internacional para explicar as diferenças entre países, com o que,

---

* Op. cit.

na verdade, obscureceu o caráter subordinado das desigualdades para transformá-las em atributos dos próprios países "atrasados".

Todo o pensamento em torno da questão nacional e regional de países "atrasados" mudou a partir dos trabalhos da Cepal. A concepção ricardiana das vantagens comparativas, que sustentava a tese do desenvolvimento equilibrado, foi contestada com a discussão do que chamei em "A navegação venturosa" de "desvantagens reiterativas". A trajetória dos termos de intercâmbio entre países industrializados e produtores de matérias-primas e bens primários demonstrou, à saciedade, a falsidade do teorema ricardiano. A Cepal abriu as portas para uma rica produção teórica, que se pode tomar verdadeiramente como um paradigma, nos termos de Kuhn, ou como um vastíssimo programa de pesquisas, tal como Imre e Lakatos propuseram. Mais além: a teorização da Cepal, e de Celso Furtado, transformou-se em ideologia no sentido gramsciano, já que passou a orientar a agenda de discussão e as pautas dos programas econômicos dos países da periferia capitalista, particularmente os da América Latina e, mais tardiamente, na África, pelas contribuições adicionadas por Samir Amin e Arghiri Emmanuel. Sua influência estendeu-se também até a Ásia dos "tigres". Assim, a teorização sobre o subdesenvolvimento tornou-se, durante cerca de trinta anos, hegemônica no sentido de ter produzido uma interpretação eficaz, moldando as políticas, o comportamento dos atores, chegando até a área cultural, na busca das formas específicas de uma produção que colocasse em evidência o lugar do subdesenvolvimento para melhor enfrentá-lo. A força semântica do conceito tornou-se formidável: os últimos trinta anos da história brasileira e latino-americana foram gastos, pelas ditaduras militares e pelos organismos internacionais, na tentativa de destruí-lo. Hoje, as mesmas instituições e a mídia em geral referem-se a países e mercados "emergentes".

Redefinindo o subdesenvolvimento

Essa original construção teórica não estava isenta de problemas. A complexidade do subdesenvolvimento era mais profunda do que sua abordagem inicial percebia. De fato, embora o nexo externo se constituísse mesmo no núcleo da nova formulação, essa percepção era falha no sentido de que custou a ver que o nexo externo era não apenas o núcleo da produção do subdesenvolvimento, mas também o de sua reprodução. Em outras palavras, a dependência, que veio a ser um dos programas de pesquisa – menos que uma teoria – fruto do próprio conceito de subdesenvolvimento, era deliberadamente provocada pelas políticas do núcleo dinâmico do sistema, para além de qualquer teoria conspiratória. Hoje, nas discussões sobre a chamada globalização, esse sentido de uma estratégia fica bastante claro. Mesmo a proposta da dependência não atingia o núcleo do problema; a rigor, ficou-se numa espécie de sociologização do subdesenvolvimento, sem radicalizá-lo no sentido da dominação de classe, que passava necessariamente pelo plano internacional. Também o debate travado a respeito não foi suficiente para deslindar e recuperar a potência explicativa ao conceito cepalino-furtadiano.

Será com Florestan Fernandes que o próprio subdesenvolvimento será redefinido, no sentido de que essa forma do desenvolvimento desigual do capitalismo presente na sua periferia se produz, sobretudo, por uma modernização conservadora cujo processo é caracteristicamente o da "revolução passiva" gramsciana, ou uma modalidade da "via prussiana" na interpretação marxista clássica. O que quer dizer isso? Em primeiro e mais claro lugar, por ser uma modernização comandada pelas antigas classes dominantes agrárias – e aqui o exemplo do Brasil cabe como uma luva –, com uma industrialização regida pela combinação do Partido Social Democrata (PSD) com o Partido Trabalhista Brasileiro (PTB). Em segundo e necessário lugar, porque a resolução da "questão social", vale dizer, da criação e do reconhecimento da nova classe social criada pela própria "modernização conservadora", se dá sempre na forma de uma tutela repressiva, com o que a dominação dificilmente transita para formas democrático-representativas. Toda a história da América Latina, em alguns casos desde as independências, contam essa tragédia sociopolítica, apesar do êxito econômico da empreitada modernizadora, de que, outra vez, os casos da Argentina, de forma mais radical, e do Brasil são exemplares. A redefinição do conceito poderia ser resumida na proposição de que o subdesenvolvimento é a forma de modernização econômica sem revolução burguesa.

A crítica de que os casos de "via prussiana" impuseram, sempre, reforma agrária e intenso programa de educação, ausentes na modernização conservadora brasileira – neste seminário, Maria da Conceição Tavares reiterou essa crítica à minha abordagem –, toma o tipo-ideal weberiano como historicamente real e não como aproximações sucessivas, e se esquece de que no caso italiano não houve reforma agrária, permanecendo o *mezzogiorno* como calcanhar-de-aquiles da economia, nem programa de educação, permanecendo o analfabetismo como uma chaga que apenas o programa do Partido Comunista Italiano (PCI) tomou a sério resolver. O caso japonês também é eloqüente, pois foi tão-somente com a ocupação norte-americana do segundo pós-guerra, sob o general MacArthur, que se impôs, a ferro e fogo, a reforma agrária. Outra vez, assim, o conceito recupera força heurística, capaz de abrir novos caminhos de pesquisa e de ação política. Vale dizer que essa redefinição teórica não teve eficácia política prática, isto é, não foi apropriada pelas classes dominantes no Brasil nem na América Latina, já que a última forma do subdesenvolvimento na exasperação da crise de sua primeira fase desemboca rapidamente em ditaduras militares, com o que sua qualidade hegemônica será fortemente contestada.

O preço pago pelo otimismo cepalino-furtadiano, ao desconhecer a questão operária, obscureceu também a forma autoritária de que necessariamente se revestiria a modernização capitalista; nos termos de Florestan Fernandes, subestimou-se a radical impossibilidade utópico-revolucionária da dominação burguesa na periferia. O impressionante é que o vulcão estava sob seus pés, mas, como ocorre freqüentemente, a teoria, mesmo a mais inovadora, não teve capacidade de percebê-lo, talvez por um excessivo economicismo e por não ter centrado nunca a teorização em torno das formas de Estado que a dominação periférica "requer" para sua realização. Furtado o perceberá, tardiamente, quando nos anos imediatamente anteriores ao golpe militar de 1964 adverte para as virtualidades que a crise dos anos 1960 abria para os países. Pôs um dos acentos, a meu ver equivocadamente, no risco de uma revolução "soviética", por um lado, e, por outro, acertadamente, nas possibilidades de soluções autoritárias pelo lado da direita. Talvez a própria ruptura dos acordos de classe já o impedisse de perceber a qualidade radical do conflito e a forma nova da "revolução passiva" sobredeterminada pelo nexo externo.

Qual é o novo enigma: subdesenvolvimento globalizado?

Embora a adesão acrítica às teses da globalização deva ser posta em xeque, faz-se necessário reconhecer que se tem pela frente uma difícil tarefa de elaboração teórica para dar conta do enigma de uma nova complexidade – Marramao, recuperando a sugestão teórica da "revolução passiva", buscou entender o capitalismo contemporâneo por meio do conceito de "complexidade do tardo-capitalismo" –, a qual aparece sobretudo nos processos de financeirização, em escala mundial, da própria produção capitalista. Estudos críticos já realizados, na linha de Paul Hirst e Graham Thompson, Giovani Arrighi, François Chesnais e, entre nós, Maria da Conceição Tavares e José Luís Fiori, Luiz Gonzaga Belluzzo, José Carlos Braga e Paulo Nogueira Batista Junior, apontam certeiramente para a "globalização" – vá lá, usemo-lo por economia – como um sistema fortemente hierarquizado e fechado, no topo do qual os Estados Unidos determinam o comportamento da economia capitalista mundial, e até mesmo o de sistemas nacionais que renitentemente ainda se reclamam do socialismo, como é o caso da China. Assiste-se à rendição, ainda que parcial, da China, buscando ingressar na OMC (Organização Mundial de Comércio), uma espécie de "beijo da morte", provavelmente, para a autonomia da economia e da sociedade chinesas.

A primeira e mais marcante característica do subdesenvolvimento ancorava no que, em Caio Prado Júnior, era uma espécie de "contemporaneidade defasada", que Ignácio Rangel chamou, com seu gosto pelo barroco, de "contemporaneidade do não-coetâneo". Vale dizer, tanto as colônias como o subdesenvolvimento são produções do nú-

Subdesenvolvimento: fênix ou extinção? 115

cleo dinâmico do sistema – contemporâneos, pois – quanto se afastam dele pelo estatuto escravo da força de trabalho no começo e, em seguida, pelo antiestatuto de liberdade da força de trabalho (mesmo que fosse aquela à qual se referia Marx), isto é, a defasagem. Agora talvez estejamos numa contemporaneidade coetânea, para permanecermos no barroquismo de Rangel, isto é, talvez pela primeira vez na história "nós que nos amávamos tanto" como subdesenvolvidos estejamos no mesmo andamento do núcleo dinâmico – no sentido de que não há mais mediações nacionais que fizeram a especificidade do subdesenvolvimento. A principal mediação suprimida, aquela que controla o próprio sistema, que é *ele*, é a moeda nacional, vetor da violência privada, nos termos de Aglietta e Orléans, o meio de imposição do monopólio legal da violência, base do Estado moderno. Todos os demais traços são inteiramente subsidiários do centro desse furacão: privatizações, destruição do mercado e das empresas nacionais, desemprego, desregulamentação da economia, imediaticidade do progresso técnico – o que não quer dizer dominá-lo nem produzi-lo. A metáfora, por enquanto apenas metáfora, dessa desterritorialização localizada – que corresponde ao simulacro do Estado nacional – é que se trata de províncias do império, em que o nexo externo não é mais filtrado ou mediado por nenhuma força interna, em que não há mais, sequer, subordinação: há apenas ordenação. Creio que o conceito de subdesenvolvimento, para recuperar capacidade explicativa a serviço, evidentemente, das classes sociais nacionais que ainda aspirem à autonomia, deveria reter as características da nova complexidade, para lograr inspirar não apenas teóricos mas um amplo conjunto de forças políticas que assumam a tarefa da transformação. O trabalho teórico-prático de Furtado continuará a ser um dos nossos pontos de partida.

UM REPUBLICANO EXEMPLAR*

Agradeço aos organizadores deste seminário, professores Glauco Arbix, do Departamento de Sociologia da Faculdade de Filosofia, Letras e Ciências Humanas (FFLCH), Ricardo Abramovay, do Departamento de Economia da Faculdade de Economia e Administração (FEA), e Mauro Zilbovicius, da Escola Politécnica, por terem me concedido o privilégio de saudar o professor Celso Furtado na ocasião em que esta universidade lhe concede a medalha de honra ao mérito. A própria Universidade de São Paulo fica-lhes devedora, pois criou a oportunidade, que talvez tenha faltado no passado, de assumir publicamente que o professor Celso Furtado é um dos seus, sobretudo agora, quando o caráter público da universidade sofre o assalto de políticas antipúblicas.

Neste momento em que a crise da universidade se mostra quase obscenamente, é de fundamental importância que, sem paulistocentrismos, a mais importante universidade brasileira renda seu preito de gratidão a Celso Furtado, por sua obra e seu exemplo. Esta é uma oportunidade

---

* Capítulo da obra *Razões e ficções do desenvolvimento*, organizada por Glauco Arbix, Mauro Zilbovicius e Ricardo Abramovay. São Paulo, Edusp/Unesp, 2001.

ímpar para tornarmos público aquilo que o respeito humano, no mais das vezes, nos impede de falar.

Acabamos de participar, muitos dos que estamos aqui, do seminário que a instituição que Celso Furtado preparou para homenageá-lo, discutindo o futuro do Nordeste. Poucos homens públicos podem se orgulhar de obra semelhante e poucos homens públicos podem ter assistido em vida ao sentimento de perda que o Nordeste experimenta desde que a ousada experiência de planejamento foi condenada e castrada pela ditadura militar de 1964.

É consensual destacar o papel e a posição de Celso Furtado na história brasileira dos últimos cinqüenta anos. Para marcar esse lugar, bastaria conferir a importância de *Formação econômica do Brasil*, seu livro clássico, que comparece em todas as listas da melhor produção científica nacional das ciências humanas neste século, ao lado das obras daqueles que, parafraseando Antonio Candido, são os demiurgos do Brasil. Ainda que redundante, é necessário fazê-lo, nestes tempos em que doutrinas e políticas ao arrepio da formulação dos problemas brasileiros pelos seus demiurgos são implementadas, a ferro e fogo, atentando contra algumas das bases da formação nacional. A obra de Celso Furtado deve servir-nos como resistência e proposição, nesta difícil quadra.

Nos últimos cinqüenta anos, de alguma maneira o debate sobre a economia e a sociedade brasileira estruturou-se em torno da interpretação do Brasil elaborada por Celso Furtado, a partir da herança de um Capistrano de Abreu, um Roberto Simonsen, um Caio Prado Jr., um Gilberto Freyre, dialogando, em posição diametralmente oposta, com os clássicos do autoritarismo, como Oliveira Vianna e Alberto Torres, para citar apenas dois. Nesse sentido, ele se inscreve, outra vez com Antonio Candido, numa formação de largo fôlego. Mesmo quando adversários dela, tal como se deu com as políticas na ditadura militar, sob a hegemonia dos novos autoritários, como Eugenio Gudin, Delfim Netto, Roberto Campos e Otávio Bulhões, ou agora, com os neoliberais dependentistas-derrotistas, como Pedro Malan, Gustavo Franco e a escola da PUC-RJ, é a ela que estão se referindo, é com ela que estão debatendo, é a ela que pretendem derrotar. Poucas obras na história passam pela difícil prova de tornarem-se referência para movimentos políticos, formatando políticas e influenciando as gerações. No sentido gramsciano, poucas são as obras que se transformam em representações da realidade. A obra de Celso Furtado certamente passou por esse teste, saindo-se galhardamente. A influência não ficou dentro do Brasil, ou mesmo da América Latina: suas obras estão traduzidas em pelo menos quinze dos principais idiomas do mundo, falados por mais de 50% da população mundial. Seria apenas exótico, se não revelasse esse poder, saber que *Formação econômica do Brasil* foi traduzida para o parse, a língua iraniana, e para o árabe.

Este seminário se faz exatamente quando o tema central de Celso Furtado, a autonomia das decisões fundada no pacto federativo-nacional-democrático, se reapresenta com urgência, em face do rotundo fracasso das políticas que optaram pela reiteração da dependência. O debate sobre o desenvolvimento ressurge com força, e a obra de Furtado continuará a ser fonte de inspiração e ponto de partida. Este seminário é, pois, da maior atualidade.

Não é coincidência que este seminário se realize exatamente quando o pacto federativo se vê crescentemente ameaçado pela ostensiva guerra fiscal, que se dá sob o pretexto da globalização, revelando a renúncia das elites e das burguesias ao projeto nacional. Deve servir de alerta para que São Paulo não se enrede nessa guerra suja, esquecendo-se da economia política da Federação, da qual se beneficiou extraordinariamente desde que o café tornou-se o motor central do processo de acumulação de capital e desenvolvimento econômico. É preciso dizer de forma forte, sem receio da ira dos adeptos do mito da locomotiva puxando os vagões vazios: a dívida de São Paulo é de caráter político-moral, a de nunca ter usado seu poder e sua influência econômica e política para varrer de uma vez por todas com os estigmas do patrimonialismo anticidadão. Agora, sob um disfarce pós-moderno, no bojo das políticas neoliberais, repetem-se, com ferocidade frenética, práticas que foram apanágio das oligarquias mais retrógradas.

Nenhuma ocasião melhor para isso, senão a homenagem ao talvez único clássico do pensamento social brasileiro que colocou a questão da Federação no centro de suas preocupações teórico-práticas, propondo, no fim dos anos 1950, a refundação do pacto federativo, mudando-lhe a escala e os recortes, para uma espécie de federação regionalizada. Essa era a natureza da Sudene, de que foi criador e primeiro dirigente. Em vez de propor simplesmente mudar a representação na Câmara de Deputados, para favorecer os Estados mais populosos, tese simplista que freqüentemente percorre os discursos em São Paulo, ousou propor a mudança na forma da articulação federativa e uma gestão compartilhada dos recursos nacionais entre a União e os Estados, propondo, também, uma nova representação que não substituía aquela inspirada nos princípios democráticos, mas acrescentava-lhe a dimensão regional, para remar contra a tendência de desfiguração da Federação pelas enormes pressões do próprio desenvolvimento. É bom aprender de novo essa lição, quando a globalização e as escolhas que negam a especificidade do subdesenvolvimento conduzem a políticas que já estavam fadadas ao fracasso, na medida em que se formulavam a-históricas, como se o subdesenvolvimento fosse um elo na cadeia que leva ao desenvolvimento. Estão a mostrar seus resultados: de novo, a ameaça do desmantelamento total da Federação, a permanência da troca desigual, atestando de um lado a pertinência teórica da formulação da relação centro–periferia e, de outro, a vacuidade do entendimento de que as novas condições da globalização haviam tornado caducas as especificidades históricas, e no além de todos os desastres a subordinação que não deixa espaço para iniciativas, impedindo os governantes de governarem, transformando-os – mesmo se essas não são as intenções – em algozes de seus próprios povos.

As diferenças de concepções não são superficiais. Valorizar o nacional não é nem populismo nem xenofobismo. Pois o espaço nacional é ainda a forma onde se pode construir um processo democrático, colocando a possibilidade concreta de intervenção do povo e das classes sociais dominadas ao alcance de suas possibilidades civis e políticas. Pensar num espaço internacional ou globalizado como virtualidade democrática seria delírio se não fosse escárnio. Portanto, quando se postula a questão do Estado nacional, o que está em jogo é a soberania do povo.

Como travar um diálogo com possibilidades reais num espaço global se nem sequer o governo norte-americano consegue enquadrar a

Microsoft? Essa é a diferença principal, pois a concepção de Furtado não é nacionalista nem populista; trata-se de uma concepção democrática, ao lutar por um espaço onde é possível, nada estando assegurado, a interlocução entre sujeitos sociopolíticos-econômicos de pesos tão fantasticamente diferentes. Seguindo as matrizes teóricas de Weber e Mannheim, Furtado, na verdade, desloca a centralidade para a política, surpreendente num autor que é lido como economista. Em Celso Furtado, a nova função do Estado no capitalismo contemporâneo, com ênfase na periferia, repousou sempre na razão democrática. Muito ao contrário dos que o mandaram para o exílio e cassaram-lhe os direitos políticos nas décadas da ditadura militar, ou dos que hoje tentam esconder no ovo da serpente do totalitarismo neoliberal, o medo do poder do povo.

Tive a honra e o privilégio de trabalhar sob sua liderança e seu exemplo, professor Celso Furtado, beneficiando-me não apenas de sua competência, mas, sobretudo, de seu raro sentido de homem público e republicano, num país onde as elites são impregnadas pela peste do patrimonialismo mais nefasto. A criação da Sudene, por si só, representou na verdade a chegada da modernidade ao Nordeste. Haveria um sem-número de exemplos a que me reportar no sentido da experiência vivida, que ajudou a formar gerações. Mas contenho-me porque suas lições nunca foram movidas pela vaidade dos sepulcros caiados e dos falsos varões. Sua austera postura e seu pudor republicanos não se prestam a caricatos trejeitos heroicizantes. Dou, pois, um único testemunho pessoal. Estava ao seu lado no dia em que se consumou o golpe militar de 1964. Retirados do Palácio do Governo de Pernambuco, onde tentávamos ajudar na resistência ao golpe, e em solidariedade ao governo legitimamente constituído, fomos intimados a nos apresentar no quartel-general do IV Exército em Recife. Ao entrarmos, a natureza do golpe confirmava-se: um corredor polonês de membros da oligarquia nordestina e de altas patentes militares, juntos numa orgia desembestada e frenética de vinganças e ódios de classe. No gabinete do então comandante daquele corpo de Exército, assisti a uma cena e a uma conversação inesquecíveis: o general Justino Alves Bastos, desculpando-se, disse a Celso Furtado que gostaria de ter contado com sua cooperação no difícil transe – não foi esse o termo daquele obtuso soldado –, da nova ordem a que o Exército fora "obrigado" pela desmoralização do governo João Goulart. E ouvi a resposta, sem bravatas, na tensa calma daquela tarde: "Eu sou um servidor federal, general. O Exército assuma a responsabilidade pelo que fez, destituindo um governo legitimamente eleito. Não me peça para coonestar nem cooperar com isto, pois repugna aos meus princípios republicanos".

Com essa lição de anticonciliação, com essa radicalidade, como assinalaria outra vez Antonio Candido, logo quem estivera na Força Expedicionária Brasileira (FEB), oficial da reserva do Exército: essa postura tranqüila, anti-heróica, era a assinatura de sua própria cassação, logo no primeiro ato institucional. Mas permaneceu sua lição. Obrigado, professor Celso Furtado. A República que lutamos por construir lhe agradece.

LUCIDEZ INCANSÁVEL*

Na capa deste pequeno grande livro deveria constar: "Leitura obrigatória para políticos, especialmente presidenciáveis". Numa apresentação e sete pequenos artigos, Celso Furtado resume sua vasta e profícua obra, com uma largueza de pontos de vista, uma abrangência e uma generosidade que confirmam, de forma insofismável, seu lugar na cultura brasileira. Trata-se de uma espécie de testamento que, por isso mesmo, se torna leitura obrigatória, ainda que continuemos a esperar dele, como de Antonio Candido, Raymundo Faoro e poucos outros que continuem a enriquecer a reflexão sobre o Brasil e o mundo.

O tema da nação, sua realização num mundo desde o começo internacionalizado, nossa capacidade de nos afirmar sem recusar a modernidade, constitui o *leitmotiv* de sua obra, reapresentado nesta nova contribuição. Sua preocupação maior – tal como à época em que ajudou a forjar, junto com Raúl Prebisch, a quem é dedicado o sexto capítulo do livro, o conceito de subdesenvolvimento e a travar as batalhas contra a teoria tradicional

---

* Introdução à obra de Celso Furtado *Em busca do novo modelo* – reflexões sobre a crise contemporânea. São Paulo, Paz e Terra, 2002.

do comércio internacional, a âncora ricardiana maior da teoria do cresci-mento econômico – é rejeitar o "pensamento único", hoje expresso na tese que apresenta a globalização como inevitabilidade. Tal como ontem, cabe construir nossa especificidade, que, na teoria, deve corresponder e susten-tar a luta da cidadania pelo seu lugar na nação, e desta no mundo. A atualidade desse esforço teórico não precisa ser exagerada.

Causas da pobreza

Por meio de comparação com a Índia – cujas dimensões continen-tais, de pobreza, de desigualdade, cuja industrialização e cuja diversifica-ção produtiva notáveis autorizam o paralelo conosco –, Furtado proce-de a uma dissecação das causas da pobreza e da desigualdade no Brasil. Encontra-as na baixa taxa de poupança e sua combinação com a eleva-díssima propensão a consumir das elites e classes médias enriquecidas, donde resulta que, se o nível de pobreza é mais contundente na Índia, as desigualdades são maiores no Brasil.

Furtado volta a explorar um tema que lhe é muito caro, especialmen-te tratado nas obras dos anos 1970, ou seja, a denúncia do consumo supérfluo e obscenamente (o termo é meu) ostentatório das elites brasi-leiras, que esteriliza a já baixa poupança nacional. Talvez ele pudesse ter posto um acento mais grave na nova contradição entre o persistente aumento da produtividade do trabalho no Brasil, os baixos coeficientes de investimento e o alargamento das desigualdades. Mas isso está implí-cito todo o tempo: assim é a globalização na periferia.

O segundo capítulo, "Que futuro nos aguarda?", é um mergulho vertiginoso – talvez um dos mais completos e complexos do livro – nos dilemas e perplexidades, contradições e oportunidades de afirmar a na-ção em um mundo crescentemente mundializado, ainda que esta seja a característica central da expansão capitalista desde a época das grandes navegações e, subseqüentemente, do colonialismo moderno. Repassan-do as descobertas e invenções teóricas de que foi co-autor junto com a Cepal e com Raúl Prebisch, vale dizer, a oposição à onipresente e onisciente teoria do comércio internacional e sua filha fraca, a teoria do desenvolvimento, Furtado introduz uma crítica quase frankfurtiana e certamente devedora do marxismo, ao modo autoritário e passivo (terá freqüentado Gramsci agora?) da industrialização brasileira.

Há até mesmo ecos de Walter Benjamin: "Que é o nosso subdesenvolvimento senão o resultado de repetidos soçobros na decadência?" E põe o acento, para tentar corrigir essa espécie de atavismo do capitalismo na periferia (ele, que é reconhecido como o grande economista brasileiro de todos os tempos), na... política. O que pode parecer estranho à maioria de seus leitores e seguidores, mas que não é nada surpreendente nesse grande discípulo de Max Weber – um dos maiores entre nós, junto com Sergio Buarque de Holanda e Raymundo Faoro. A elaboração de uma interpretação do Brasil, em que história e teoria se dão as mãos, aparece aqui como sua grande vantagem sobre os antigos liberais (*ma non troppo*) Eugênio Gudin e Roberto Campos e os novos neoliberais, que nem sequer merecem menção – minha, não da parte de Furtado, que continua sendo muito elegante –, pois não têm estatura teórica nem cívica para medir-se com ele.

"As raízes da globalização" é um *intermezzo* para anunciar um ensaio de maior fôlego. Aqui, nosso autor repassa brevemente não o processo histórico em termos das ondas da mundialização, mas as tendências mais profundas da dinâmica capitalista, a saber, a secularização da idéia religiosa de progresso. Com mestria, reúne keynesianismo, suas leituras de Marx e de Weber e, o que não é tão novo nele – vale rever o seu "O mito do desenvolvimento econômico" –, um tom adorniano de crítica à ilusão iluminista do progresso.

Chave weberiana

"As duas vertentes da civilização industrial" talvez seja o capítulo mais luminoso deste livro tão luminoso. Como um mestre flamengo, Furtado mistura em sua paleta contribuições de clássicos já consagrados com novos clássicos (Habermas, entre eles), a fim de decifrar o código da

126   Francisco de Oliveira

civilização industrial capitalista. A chave-mestra é, sem dúvida, weberiana.

Trata-se de estabelecer como a modernidade é grávida de racionalidade substantiva e racionalidade instrumental, e de como esta, se apossando da produção e reprodução do sistema, termina se impondo sobre a primeira. De como a acumulação de capital abarca e subordina os valores culturais e os transforma em bens culturais. De novo, uma sugestão bem próxima dos frankfurtianos, a velha dialética entre fins e meios. Destaque dado à periferia, onde a subordinação colonial e posteriormente imperialista – o termo é meu – sufocou a criatividade política, que se reproduz como mimetismo das elites e mandonismo local.

Em "A responsabilidade do economista", Furtado revê seus próprios passos, desde os tempos do doutorado na França, no imediato pós-guerra (na qual esteve como tenente voluntário da FEB; voluntário, aqui aparece outra vez uma das faces de sua profissão de fé republicana) até sua entrada na Cepal. É quase uma etnografia da formação de um economista na periferia: de como inicialmente uma suspeita, um desconforto com a inadequação dos modelos clássicos e neoclássicos diante do presente da América Latina se transforma na produção de uma teoria forjada pela união com a história, esteio de uma original contribuição à economia política de nosso tempo, a teoria do subdesenvolvimento.

Se ainda há jovens – que são insistentemente presentificados pela indústria cultural e tornam-se descartáveis em sua juventude –, e se ainda há jovens que querem ser economistas, e mais, cidadãos, aqui está a lição para o futuro.

"O Centenário de Raúl Prebisch" é nostalgicamente benjaminiano. Furtado rende homenagem àquele que exerceu provavelmente a maior influência em sua vida. Mas discretamente, como é de seu feitio, quase escondendo a emoção. Revê os dias iniciais da Cepal, em Santiago do Chile, onde se localizaria até o golpe militar que derrubou Salvador Allende, à época da empreitada política mais audaciosa da América Latina, juntamente com Cuba, formando uma efervescência cultural que iluminou todo o continente. Naquela Santiago suave, aos pés do monumento dos Andes, onde o futuro parecia se desenhar, um pequeno grupo – todo o *staff* da Cepal, em 1948, não passava de dez funcionários –

lutava contra o já poderoso império norte-americano, legitimado pela vitória na Segunda Guerra Mundial. A liderança brasileira, com Vargas, foi decisiva para evitar o sufocamento da Cepal, em seus dias iniciais, pelos Estados Unidos, que já controlavam a Organização dos Estados Americanos, verdadeiro "ministério das colônias" norte-americano. Lição que o novo presidente ou os ainda presidenciáveis devem aprender.

O economista argentino aparece com a aura de um refinado cavalheiro, aristocrático – tinha uma das maiores adegas de Santiago do Chile, num país produtor de excelentes vinhos–, heterodoxo, rebelde e... republicano. Permito-me reproduzir a lição de ética de Raúl Prebisch, citada por Furtado como resposta à sua indagação de por que não conseguira um bom emprego depois de sua demissão da direção do Banco Central argentino: "Que emprego? Eu havia sido durante anos diretor-presidente do Banco Central, conhecia a carteira de todos os bancos, pois havia ajudado a saneá-los, a ponto de poder administrar o redesconto pelo telefone. Quando me demitiram, muitos grandes bancos me ofereceram altas posições, mas como podia colocar meus conhecimentos a serviço de um se estava ao corrente dos segredos de todos? Preferi reduzir meu padrão de vida ao de um professor, o que não era muito".

Essa ética é também a de Furtado. Ninguém nunca o viu oferecendo seu conhecimento das entranhas do Estado brasileiro ao setor privado, tendo sido ministro de Estado por duas vezes, diretor do BNDE e superintendente da Sudene. Que diferença com a promiscuidade de hoje, a venda de informações, o mapa da mina das privatizações, a formação de fortunas repentinas, a geração de novos banqueiros ex-funcionários!

Os sertões

O sétimo e último capítulo é talvez o mais inesperado. "O que devemos a Euclides da Cunha" – celebra o centenário do livro que Furtado considera a mais importante contribuição para o conhecimento do Brasil – revela um autor dominando uma vasta paisagem que inclui o melhor da literatura brasileira. O que ajuda a responder a uma indagação que correu mundo quando Furtado foi ministro da Cultura no governo Sarney: por que aceitara aquela função? Por sobre o anacronismo do estilo euclidiano, vazado num cientificismo positivista e numa antropologia de fatura colonialista, Furtado recupera o que houve de inovador na abordagem euclidiana: nasce uma interpretação anti-racista, que aposta nas "raças tristes" como portadoras de futuro. Essa virada fará escola com os "demiurgos" da geração de 1930, Gilberto Freyre, Caio Prado Jr. e Sérgio Buarque de Holanda. Seu próprio itinerário é euclidiano: do meio da escória da teoria do comércio internacional de extração ricardiana e malbaratamento neoclássico, Furtado faz sair uma interpretação original, em que se combinam história e teoria.

Resumir este pequeno grande livro teria a desvantagem da mera repetição que não pode competir com o original. Tratei apenas de apontar aos leitores seus principais pontos. Não há, propriamente, nada de novo no livro de Furtado. O que ele mais provoca é espanto, com sua atualidade e com a atualização do autor, que incorpora novos autores que não estavam em seus textos clássicos, ampliando seu horizonte de observações e elaborações, trabalhando com mestria as conexões de sentido entre campos aparentemente tão distintos. Quando esta resenha for publicada, os candidatos ao segundo turno já estarão se preparando para enfrentar um novo e definitivo julgamento das urnas. Mas é então que será preciso ler este livro. A cidadania e a democracia brasileira precisam dele.

BIBLIOGRAFIA

A produção intelectual de Celso Furtado é das mais importantes e inclui livros, ensaios, teses, entrevistas e artigos. Seus escritos – traduzidos para vários idiomas: inglês, francês, espanhol, alemão, italiano, romeno, sueco, japonês, chinês, farsi, polonês – figuram em coletâneas de todo o mundo e vêm sendo objeto de estudo de importantes autores, no Brasil e no exterior. O leitor encontrará nas páginas que seguem a relação completa dos livros publicados em português e uma seleção dos principais ensaios, artigos e entrevistas de Celso Furtado e de outros autores sobre sua obra.

Obras de Celso Furtado

Livros
(por ordem de publicação da primeira edição)

FURTADO, Celso. *Contos da vida expedicionária*: de Nápoles a Paris. Rio de Janeiro, Livraria Editora Zelio Valverde, 1946.

Economia colonial no Brasil nos séculos XVI e XVII. São Paulo, Hucitec/ABPHE, 2001. (Tradução de: *L'économie coloniale brésilienne*. Paris. Tese de doutorado apresentada à Faculdade de Direito e Ciências Econômicas da Universidade de Paris, junho de 1948.)

FURTADO, Celso. *A economia brasileira*. Rio de Janeiro, A Noite, 1954.

Uma economia dependente. Rio de Janeiro, Ministério da Educação e Cultura (Serviço de Documentação), 1956.

Perspectivas da economia brasileira. Rio de Janeiro, Instituto Superior de Estudos Brasileiros, 1958.

Uma política de desenvolvimento econômico para o Nordeste. Rio de Janeiro, Imprensa Nacional,1959.

Formação econômica do Brasil. Rio de Janeiro, Fundo de Cultura, 1959. (Outras edições: São Paulo, Companhia Editora Nacional, 1965; Brasília, Editora Universidade de Brasília, 1963, Coleção "Biblioteca Básica Brasileira"; São Paulo, Publifolha/Folha de S.Paulo, 2000, Coleção "Grandes nomes do pensamento brasileiro".)

A Operação Nordeste. Rio de Janeiro, Instituto Superior de Estudos Brasileiros,1959.

Desenvolvimento e subdesenvolvimento. Rio de Janeiro, Fundo de Cultura, 1961.

Subdesenvolvimento e Estado democrático. Recife, Condepe, 1962.

A pré-revolução brasileira. Rio de Janeiro, Fundo de Cultura, 1962.

Dialética do desenvolvimento. Rio de Janeiro, Fundo de Cultura, 1964.

Subdesenvolvimento e estagnação na América Latina. Rio de Janeiro, Civilização Brasileira, 1966.

Teoria e política do desenvolvimento econômico. São Paulo, Companhia Editora Nacional, 1967. (Outras edições: Lisboa, Dom Quixote, 1971; São Paulo, Abril Cultural, 1983, Coleção "Os Economistas"; São Paulo, Paz e Terra, 2000 [10ª edição revista pelo autor].)

Um projeto para o Brasil. Rio de Janeiro, Saga, 1968.

Formação econômica da América Latina. Rio de Janeiro, Lia Editora, 1969.

Análise do "modelo" brasileiro. Rio de Janeiro, Civilização Brasileira, 1972.

A hegemonia dos Estados Unidos e o subdesenvolvimento da América Latina. Rio de Janeiro, Civilização Brasileira, 1973.

O mito do desenvolvimento econômico. Rio de Janeiro, Paz e Terra, 1974. (Outras edições: São Paulo, Círculo do Livro, s.d.; São Paulo, Paz e Terra, 1996 [edição de bolso, abreviada].)

FURTADO, Celso. *A economia latino-americana*. São Paulo, Companhia Editora Nacional, 1976. (Edição definitiva da obra *Formação econômica da América Latina*.)

Prefácio à nova economia política. Rio de Janeiro, Paz e Terra, 1976. (Outra edição: Lisboa, Dinalivro, s.d.)

Criatividade e dependência na civilização industrial. Rio de Janeiro, Paz e Terra, 1978. (Outra edição: São Paulo, Círculo do Livro, 1978.)

Pequena introdução ao desenvolvimento: um enfoque interdisciplinar. São Paulo, Companhia Editora Nacional, 1980. (Outra edição: São Paulo, Paz e Terra, 2000 [3ª ed. revista pelo autor].)

O Brasil pós-"milagre". Rio de Janeiro, Paz e Terra, 1981.

A nova dependência, dívida externa e monetarismo. Rio de Janeiro, Paz e Terra, 1982.

Não à recessão e ao desemprego. Rio de Janeiro, Paz e Terra, 1983.

Cultura e desenvolvimento em época de crise. Rio de Janeiro, Paz e Terra, 1984.

A fantasia organizada. Rio de Janeiro, Paz e Terra, 1985.

Transformação e crise na economia mundial. São Paulo, Paz e Terra, 1987.

A fantasia desfeita. São Paulo, Paz e Terra, 1989.

ABC da dívida externa. São Paulo, Paz e Terra, 1989.

Os ares do mundo. São Paulo, Paz e Terra, 1991.

Brasil, a construção interrompida. São Paulo, Paz e Terra, 1992.

Obra autobiográfica de Celso Furtado. São Paulo, Paz e Terra, 1997. 3 v.

O capitalismo global. São Paulo, Paz e Terra, 1998. (Outra edição: Lisboa, Gradiva, 1999.)

O longo amanhecer: reflexões sobre a formação do Brasil. São Paulo, Paz e Terra, 1999.

Em busca de novo modelo: reflexões sobre a crise contemporânea. São Paulo, Paz e Terra, 2002.

132 Francisco de Oliveira

Ensaios

Em livros (seleção)

FURTADO, Celso. Capital formation and economic development. In: AGARWALA, A. N. & SINGH, S. P. (orgs.). *The economics of underdevelopment.* J. Viner, P. Baran, W. W. Rostow, C. Furtado, V. Rao, P. Rosenstein-Rodan, R. Nurkse et alii. Nova York, Oxford University Press, 1958.

Marx's model in the analysis of the underdeveloped economic structures. In: *Marx and contemporary scientific thought.* R. Aron, M. Rodinson, C. Furtado, R. Garaudy, E. Hobsbawn, T. Adorno, A. Sauvy, A. Schaff, H. Marcuse, I. Sachs, J. Habermas et alii. Paris/Haia, Mouton, 1969.

Da República oligárquica ao Estado militar. In: FURTADO, Celso (org.). *Brasil:* tempos modernos. H. Jaguaribe, F. Weffort, F. H. Cardoso, F. Fernandes, J. Leite Lopes, O. M. Carpeaux, J. C. Bernadet, A. Callado. Rio de Janeiro, Paz e Terra, s.d.

Entraves ao desenvolvimento. In: *O Brasil na encruzilhada.* J. de Castro, M. Arraes, C. Furtado, F. Julião, M. Moreira Alves, D. Helder Câmara, S. Lafaurie et alii. Lisboa, Dom Quixote, s.d.

A global view of the development process. In: *Different theories and practices of development.* I. Alechina, C. Furtado, J. Galtung et alii. Paris, Unesco, 1982.

A política econômica de François Mitterrand. In: CARDOSO, F. H. & TRINDADE, H. (orgs.) *O novo socialismo francês e a América Latina.* C. Furtado, G. Lavau, A. Rouquié, A. Touraine. Rio de Janeiro, Paz e Terra, 1982.

Transnacionalización y monetarismo. In: MÉNDEZ, Sofia (org.). *La crisis internacional y la America Latina.* R. Prebisch, Ruy M. Marini, C. Furtado, A. Pinto, O. Ianni, M. Löwy, F. Fajnzylber, D. Caputo et alii. México, Fondo de Cultura Económica, 1984.

Dependencia en un mundo unificado. In: MÉNDEZ, Sofia (org.). *La crisis internacional y la America Latina.* R. Prebisch, Ruy M. Marini, C. Furtado, A. Pinto, O. Ianni, M. Löwy, F. Fajnzylber, D. Caputo et alii. México, Fondo de Cultura Económica, 1984.

Bibliografia 133

FURTADO, Celso. Crisis y transformación de la economía mundial: desafíos y opciones. In: WIONCZEK, Miguel S. (org.) *La crisis de la deuda externa en la America Latina*. V. Urquidi, C. Furtado, D. Avramovic, F. Stewart et alii. México, Fondo de Cultura Económica, 1987.

Desarrollo y subdesarrollo. In: *Cincuenta años de pensamiento en la CEPAL*: textos seleccionados. Santiago, Fondo de Cultura Económica/ Cepal, 1998. (Cap. IV de *Desarrollo y subdesarrollo*, Buenos Aires, Eudeba, 1971.)

Quando o futuro chegar. In: SACHS, Ignacy, WILHEIM, Jorge & PINHEIRO, Paulo Sérgio (orgs.). *Brasil, um século de transformações*. A. Garcia, C. Buarque, L. C. Bresser-Pereira, P. Singer et alii. São Paulo, Companhia das Letras, 2001.

Reflexões sobre a crise brasileira. In: ARBIX, Glauco, ZILBOVICIUS, Mauro & ABRAMOVAY, Ricardo (orgs.). *Razões e ficções do desenvolvimento*. F. de Oliveira, R. Ricupero, J. Marcovitch, P. Streeten, S. Amin, A. Bagnasco et alii. São Paulo, Ed. Unesp/Edusp, 2001.

Em jornais e revistas (seleção)

FURTADO, Celso. Trajetória da democracia na América. *Revista do Instituto Brasil-Estados Unidos*, Rio de Janeiro, 1946. (Prêmio Franklin D. Roosevelt, outorgado pelo IBEU.)

Teoria da estrutura em organização. *Revista do Serviço Público*, Rio de Janeiro, fevereiro de 1946.

Características gerais da economia brasileira. *Revista brasileira de economia*, Rio de Janeiro, março de 1950. (Primeiro ensaio do autor sobre análise econômica.)

Formação de capital e desenvolvimento econômico. *Revista brasileira de economia*, Rio de Janeiro, setembro de 1952. (Ensaio crítico às conferências do economista sueco Ragnar Nurkse no Rio de Janeiro. Primeiro artigo traduzido, cf. "Capital formation and economic development", *International economic papers*, Londres, n. 4, 1954.)

O desenvolvimento econômico – ensaio de interpretação histórico-analítica. *Econômica brasileira*, Rio de Janeiro, v. 1, n. 1, janeiro-março de 1955.

FURTADO, Celso. El análisis marginal y la teoría del subdesarrollo. *El Trimestre económico*, México, v. XXIII, 1956.

Reunión de economistas de Oriente y Occidente. *El Trimestre económico*, México, v. XXV, 1958.

Ideas en torno a la creación de una Escuela Latinoamericana de Economia. *Economia*, Santiago, n. 72-73, 1961.

Brazil: what kind of Revolution? *Foreign Affairs*, Washington, abril de 1963.

Développement et stagnation en Amérique Latine: une approche structuraliste. *Revue des Annales*, Paris, janeiro/fevereiro de 1966.

L'hégémonie des États-Unis et l'Amérique Latine. *Le Monde*, Paris, janeiro de 1966.

Au Brésil: économie, politique et société. *Revue des Annales*, Paris, julho/agosto de 1966.

De l'oligarchie à l'État militaire. *Les Temps modernes*, Paris, 23°. ano, n. 257, outubro de 1967.

Intra-country discontinuities: towards a theory of spatial structures. *Social science information*, dezembro de 1967.

Un modèle simulé de développement et de stagnation (em colaboração com A. Maneschi). *Economie et société*, Paris, março de 1969.

La concentration du pouvoir économique aux États-Unis et ses projections en Amérique Latine. Paris, *Esprit*, abril de 1969.

Aventures d'un économiste brésilien. *Revue Internationale de Sciences Sociales*, Paris, v. XXV, n. 1-2, Unesco, 1973. (Publicado em versão inglesa em Philip Arestis & Malcolm Sawyer, orgs., *A biographical dictionary of Dissenting Economists*, 2ª. ed., Cheltenham, UK/ Northampton, MA, USA, Edward Elgar, 2000).

Le modèle brésilien. *Revue Tiers-Monde*, Paris, julho/setembro de 1973.

Underdevelopment and dependence: the fundamental connection. *Working papers*, Center for Latin American Studies, University of Cambridge, n. 17, 1973.

Le nouvel ordre économique mondial: un point de vue du Tiers-Monde. *Revue Tiers-Monde*, Paris, julho/setembro de 1976.

FURTADO, Celso. Development. *International social sciences journal*, Paris, v. XXIX, n. 4, 1977.

Acumulación y creatividad. *Revista de la CEPAL*, Santiago, 2º. semestre de 1978.

El desarrollo desde el punto de vista interdisciplinario. *El trimestre económico*, México, n. 181, janeiro-março de 1979.

L'ordre économique internationale: les nouvelles sources de pouvoir. *Revue Tiers-Monde*, Paris, janeiro/março de 1980.

La dette extérieure brésilienne. *Problèmes d'Amérique Latine*, Paris, La Documentation Française, novembro de 1982.

Las relaciones comerciales entre la Europa Ocidental y la America Latina. *El Trimestre económico*, México, v. L (3), n. 199, 1983.

Rescuing Brazil, reversing recession. *Third World Quarterly*, Londres, julho de 1984.

Que somos? Sete teses sobre a cultura brasileira. *Revista do Brasil*, Rio de Janeiro, ano 1, n. 2, 1984.

A crise econômica contemporânea. *Estudos de Economia*, Lisboa, v. VII, n. 4, julho-setembro de 1987. (Discurso de recepção do título de doutor *honoris causa* da Universidade Técnica de Lisboa, 1987).

La restructuration de l'économie internationale. *Développement et civilisation*, Paris, março de 1989.

International economic security: a global view. *Razvoj/Development International*, Zagreb, v. IV, n. 2, julho-dezembro de 1989.

O subdesenvolvimento revisitado. *Economia e sociedade*, Campinas, n. 1, agosto de 1992. (Aula magna proferida por ocasião da recepção do título de doutor *honoris causa* da Universidade de Campinas, em 21 de agosto de 1990.)

Retour à la vision globale de Perroux et Prebisch. *Economie appliquée*, Paris, t. XLVII, n. 3, 1994. (Texto da "Sixième Conférence François Perroux", proferida em 15 de junho de 1994 no Collège de France, Paris.)

A superação do subdesenvolvimento. *Economia e sociedade*, Campinas, n. 3, dezembro de 1994.

FURTADO, Celso. A invenção do subdesenvolvimento. *Revista de economia política*, São Paulo, v. 15, n. 2, abril-junho de 1995.

El nuevo capitalismo. *Revista de la CEPAL*, número extraordinário "CEPAL cincuenta años", Santiago de Chile, outubro de 1998.

Brasil: opções futuras. *Revista de economia contemporânea*, Rio de Janeiro, v. 3, n. 2, julho-dezembro de 1999.

La búsqueda de un nuevo horizonte utópico. *Ciudadanos – Revista de crítica política y propuesta*, Buenos Aires, ano 2, n. 2, verão de 2001.

Entrevistas em livros

BENJAMIN, César & ELIAS, Luiz Antônio (orgs.). *Brasil: crise e destino –* entrevistas com pensadores contemporâneos. Rio de Janeiro, Expressão Popular, 2000.

BIDERMAN, Ciro, COZAC, L. Felipe & REGO, José Marcio. *Conversas com economistas brasileiros*. São Paulo, Editora 34, 1997.

COUTO, Ronaldo Costa. *Memória viva do regime militar* – Brasil: 1964-1985. Rio de Janeiro, Record, 1999.

MINEIRO, Adhemar Santos, ELIAS, Luiz Antônio & BENJAMIN, César (orgs.). *Visões da crise*. Rio de Janeiro, Contraponto, 1998.

SUPLICY, Eduardo Matarazzo. *Renda de cidadania*: a saída é pela porta. São Paulo, Editora Fundação Perseu Abramo/Cortez Editora, 2002.

TAVARES, Maria da Conceição, ANDRADE, Manuel Correia de & PEREIRA, Raymundo Rodrigues. *Seca e poder*: entrevista com Celso Furtado. São Paulo, Editora Fundação Perseu Abramo, 1998.

Obras sobre Celso Furtado

Livros

BRESSER-PEREIRA, Luiz Carlos & REGO, José Marcio (orgs.). *A grande esperança em Celso Furtado*: ensaios em homenagem aos seus 80 anos.) I. Sachs, H. Jaguaribe, C. Cavalcanti, O. Rodriguez, R. Bielschowsky, A. Ferrer et alii. São Paulo, Editora 34, 2001.

FORMIGA, Marcos & GAUDÊNCIO, Francisco Salles (orgs.). *Era da esperança*: teoria e política na obra de Celso Furtado. São Paulo, Paz e Terra, 1995.

FORMIGA, Marcos & SACHS, Ignacy (coord.). *Celso Furtado, a Sudene e o futuro do Nordeste*. Recife, Sudene, 2000.

MALLORQUÍN, Carlos & LORA, Jorge (introd. e compil.). *Prebisch y Furtado*: el estructuralismo latinoamericano. J. Love, O. Rodríguez et alii. México, Benemérita Universidad Autónoma de Puebla/Instituto de Ciencias Sociales y Humanidades, 1999.

MORAES, Reginaldo. *Celso Furtado* – o subdesenvolvimento e as idéias da Cepal. São Paulo, Ática, 1995.

OLIVEIRA, Francisco de (org.) & FERNANDES, Florestan (coord.). *Celso Furtado*. São Paulo, Ática, 1983.

QUEIROZ, Ronald de (coord.). *Celso Furtado 80 anos*: homenagem da Paraíba. João Pessoa, Sebrae, 2001.

SACHS, Ignacy & GARCIA, Afrânio (org.). *Le développement: qu'est-ce? L'apport de Celso Furtado*. Paris, Maison des Sciences de l'Homme, 1998, Cahiers du Brésil Contemporain, n. 33-34.

SAMPAIO JUNIOR, Plinio de Arruda. *Entre a nação e a barbárie*: os dilemas do capitalismo dependente em Caio Prado, Florestan Fernandes e Celso Furtado. Petrópolis, Vozes, 1999.

TAVARES, Maria da Conceição (org.). *Celso Furtado e o Brasil*. F. de Oliveira, J. L. Fiori, J. Guimarães, M. R. Nabuco, T. Bacelar, W. Cano. São Paulo, Editora Fundação Perseu Abramo, 2000.

Teses acadêmicas

GUIMARÃES, Maria Eugênia. *Modernização brasileira no pensamento de Celso Furtado*. Tese de mestrado em sociologia apresentada à Universidade Estadual de Campinas. Campinas, 1993.

_____. *Celso Furtado, a utopia da razão* – um estudo sobre o conceito de subdesenvolvivmento (1945-1964). Tese de doutorado em sociologia apresentada à Faculdade de Filosofia, Ciências e Letras, Universidade de São Paulo. São Paulo, 1999.

MALLORQUÍN, Carlos. *La idea del subdesarrollo*: el pensamiento de Celso Furtado. Tese de doutorado em economia apresentada à Faculdade de Ciências Políticas e Sociais, Universidade Nacional Autónoma de México. México, 1993.

ROMEIRO, Ademar Ribeiro. *Os fundamentos teóricos do estruturalismo*: uma análise da contribuição de Celso Furtado. Dissertação de mestrado apresentada ao Instituto de Filosofia e Ciências Humanas, Universidade Estadual de Campinas. Campinas, 1981.

SALMITO FILHO, João. *As relações inter-regionais no Brasil* – na visão de Celso Furtado. Dissertação de bacharelado em ciências sociais apresentada à Universidade Estadual do Ceará. Fortaleza, 1998.

SANTOS, Maria Odete. *Nação e mundialização no pensamento de Celso Furtado*. Tese de doutorado apresentada ao Instituto de Filosofia e Ciências Humanas, Universidade Estadual de Campinas. Campinas, 1998.

VIEIRA, Wilson. *Pensamento econômico de Celso Furtado nos anos 70 e 80*. Dissertação de bacharelado em ciências econômicas apresentada à Faculdade de Economia, Universidade Federal Fluminense. Niterói, 1996.

Ensaios

Em livros (seleção)

BEAUD, Michel & DOSTALER, Gilles. Celso Furtado. In: *La pensée économique depuis Keynes*: historique et dictionnaire des principaux auteurs. Paris, Seuil, 1993.

BETHELL, Leslie. Economic ideas and ideologies in Latin America since 1930. In: *Cambridge History of Latin America*, Cambridge, 1994. v. 6.

BIELSCHOWSKY, Ricardo. O pensamento de Celso Furtado. In: *Pensamento econômico brasileiro*. Rio de Janeiro, Contraponto, 1995.

IGLESIAS, Francisco. Introdução. In: *Formação econômica do Brasil*. Brasília, Editora Universidade de Brasília, 1963. Coleção "Biblioteca Básica Brasileira".

_____. Celso Furtado, pensamento e ação. In: *História e ideologia*. São Paulo, Perspectiva, 1981.

LOVE, Joseph L. Furtado e o estruturalismo. In: *A construção do Terceiro Mundo*: teorias do subdesenvolvimento na Romênia e no Brasil. São Paulo, Paz e Terra, 1998.

MANTEGA, Guido. Celso Furtado e a teoria do subdesenvolvimento. In: *A economia política brasileira*. São Paulo-Petrópolis, Polis/Vozes, 1987.

OLIVEIRA, Francisco de. Celso Furtado e o pensamento econômico brasileiro. In: MORAES, Reginaldo, ANTUNES, Ricardo & FERRANTE, Vera (orgs.). *Inteligência brasileira*. São Paulo, Brasiliense, 1986.

_____. Celso Furtado: formação econômica do Brasil. In: MOTA, Lourenço Dantas (org.). *Um banquete no Trópico*. São Paulo, Senac, 1999.

PAGE, Joseph. Celso Furtado, Sudene and Usaid. In: *The Revolution that never was*. Nova York, Grossman Publishers, 1972.

Em revistas (seleção)

BAER, Werner. Furtado on development: a review essay. *Journal of developing areas*, v. 3, no 2, janeiro de 1969.

_____. Furtado Revisited. *Luso-Brazilian Review*, Summer, 1974.

BIELSCHOWSKY, Ricardo. Formação econômica do Brasil: uma obra-prima do estruturalismo cepalino. *Revista de economia política*, v. 9, n. 4, 1989.

GARCIA, Afrânio. La construction interrompue – Celso Furtado, la guerre froide et le développement du Nordeste. *Actes de la recherche en sciences sociales*, Paris, n. 121-122, março de 1998.

HARTMAN, John T. Economic development of Latin America (review). *Contemporary sociology*, v. 14, n. 2, março de 1985.

HUDDLE, D. Furtado on exchange control and economic development: an evaluation and reinterpretation of the Brazilian case. *Economic development and cultural change*, v. 15, n. 5, abril de 1967.

SKIDMORE, Thomas. Economic development of Latin America (review). *The Hispanic American Historical Review*, v. 52, fevereiro de 1972.

Resumo biográfico

Celso Monteiro Furtado nasce em 1920, em Pombal, no sertão paraibano, filho de Maria Alice Monteiro Furtado e Maurício de Medeiros Furtado. Muda-se para o Rio de Janeiro em 1939 e começa a trabalhar como jornalista na *Revista da Semana*. Forma-se em Direito em 1944 e em 1948 conclui seu doutorado sobre a Economia Colonial Brasileira, pela Universidade de Paris. Em 1950 passa a integrar o corpo permanente de economistas da ONU, servindo na Comissão Econômica para a América Latina. Preside, em 1953, o Grupo Misto Cepal-BNDE, que elaborou o Programa de Desenvolvimento para o Brasil e estudos especiais para o México e a Venezuela. Leciona em Cambridge, na Inglaterra, entre 1957 e 1958, e publica em 1959 seu livro mais importante, *Formação econômica do Brasil*. Elabora o estudo "Uma política de desenvolvimento para o Nordeste", origem da criação, em 1959, da Superintendência de Desenvolvimento do Nordeste (Sudene), da qual se torna superintendente até 1964. Em 1962, como ministro do Planejamento do governo João Goulart, prepara o Plano Trienal, tentativa fracassada de conter a inflação, assegurar o crescimento e criar condições políticas para a sobrevivência da democracia.

Em 1964, o Ato Institucional nº 1 cassa seus direitos políticos por dez anos e Furtado segue para o Chile, onde inicia o exílio; alguns meses depois vai para a Universidade de Yale, nos Estados Unidos. Em 1965, muda-se para a França e assume a cátedra de Desenvolvimento Econômico na Universidade de Paris. Durante os anos 1970 viaja para África, Ásia e América Latina, em missão da ONU. A partir de 1979, com a anistia, retorna com freqüência ao Brasil, reinserindo-se na vida política. Em 1985 é convidado pelo recém-eleito presidente Tancredo Neves para participar da Comissão do Plano de Ação do governo. No mesmo ano é nomeado embaixador do Brasil na Comunidade Econômica Européia, em Bruxelas. Em 1986 é nomeado ministro da Cultura do governo José Sarney. Em 1988 pede demissão do cargo e retorna às atividades acadêmicas no Brasil e no exterior. Entre 1993 e 1995 integra a Comissão Mundial para a Cultura e o Desenvolvimento da ONU/Unesco. Em 1997, a Maison des Sciences de l'Homme e a Unesco organizam em Paris o congresso internacional "A contribuição de Celso Furtado para os estudos do desenvolvimento", reunindo especialistas de muitos países. No mesmo ano a Academia de Ciências do Terceiro Mundo cria o Prêmio Internacional Celso Furtado, dedicado ao melhor trabalho do Terceiro Mundo sobre economia política. Torna-se doutor *honoris causa* das universidades Técnica de Lisboa, Estadual de Campinas, Federal de Brasília, Federal do Rio Grande do Sul, Federal da Paraíba e da Université Pierre Mendès-France (Grenoble, França).

Em agosto de 1997 elege-se para a Academia Brasileira de Letras. Ao longo dos anos 1990 Celso Furtado continuaria construindo, em franca rota de colisão intelectual com a opção política e econômica hegemônica no país, uma obra cuja elaboração teórica e histórica se tornou um poderoso instrumento de investigação e compreensão da dialética desenvolvimento/subdesenvolvimento. Aos 83 anos, divide-se entre o Rio de Janeiro e Paris e continua a fazer o que mais gosta: ler e escrever.